AF367061

Emociones y sentimientos

Dónde se forman
y cómo se transforman

Miguel Pallarés

Colección: Vitae
Director: David Soler

Emociones y sentimientos. Dónde se forman y cómo se transforman
1.ª edición, 2010
2.ª edición, 2022

Ilustraciones: Víctor Nieto, Helena Ruiz
Ilustración de la portada: Helena Ruiz

Edita: Marge Books
Brutau, 160 - 08203 Sabadell (Barcelona)
Tel. 931 429 486 – marge@margebooks.com
www.margebooks.com

Colaboración editorial: Roser Pérez
Compaginación: Mercedes Lara
Impresión: Més Gran Serveis Gràfics i Digitals (Santa Coloma de Cervelló)

ISBN edición impresa: 978-84-15004-33-2
ISBN edición digital: 978-84-18532-05-4
Depósito Legal: B 19411-2022

Índice

Prólogo

Cuando el doctor Pallarés, mi amigo Miquel, me pidió que escribiera el prólogo de este libro me puso en un compromiso. Pensé que su temática era algo totalmente alejado de mis conocimientos y de mi profesión de economista y profesor de Administración de Empresas. Durante mis vacaciones de verano dediqué parte del tiempo a leer con atención el texto en su versión original. La primera parte me ayudó a comprender de manera sencilla y amena cómo funcionan las complejas partes de nuestro cerebro, y resultó ser un verdadero manual, útil para los expertos en la materia y para los neófitos como yo. Poco a poco, a través de una lectura fácil y comprensible, fui adentrándome en determinados aspectos del conocimiento de nuestras emociones y nuestros sentimientos.

Tomé conciencia de que los resultados positivos y negativos de nuestras actividades personales y profesionales, no dependen únicamente de la genética o del entorno de los seres humanos, sino de la evolución conjunta de ambos. Que la unión de la genética, el medioambiente, el entorno y los conocimientos que vamos adquiriendo, así como de la práctica y el ejercicio, pueden mejorar lo más importante para nuestro éxito en la vida: la «inteligencia emocional».

Es cierto, como escribe el doctor Pallarés, que hay diferentes tipos de inteligencia: la lingüística, la lógica o matemática, la de coordinación o destreza corporal, la visual, la artística, etc.; pero al final, la que nos permite obtener los resultados que deseamos es la emocional, o sea, la capacidad que desarrollamos para resolver problemas relacionados con las emociones, el entendimiento de uno mismo y de los demás. La inteligencia emocional es esencial para nuestro equilibrio físico y psicológico y para lograr nuestros objetivos personales, económicos, laborales y sociales.

Conforme avanzaba en la lectura, empecé a ver cuán importantes son tanto el contenido de este libro como sus enseñanzas prácticas para mejorar nuestra inteligencia emocional.

Reflexioné y recordé que muchas veces los más listos del colegio no son los que han tenido más éxito en la vida. Que en mi mundo, en el de las empresas, los grandes líderes y los mejores emprendedores no son ni mucho menos los de mayor cociente intelectual, sino los que mejor han sabido comprender y aplicar las funciones y consecuencias de las emociones y los sentimientos, los suyos y los de las personas que les rodean. Estaba aprendiendo que según la manera en que seamos capaces de gestionar nuestras emociones y nuestros sentimientos, podremos dirigir nuestra existencia, y que esto se puede entrenar, ejercitar y mejorar. Me quedó claro que si queremos prosperar y ser felices tenemos que mejorar nuestra inteligencia emocional, tarea que puede durar toda nuestra vida. Y este libro nos ofrece la hoja de ruta para prosperar día a día en este aspecto.

Empecemos por conocer las causas de nuestros problemas y dificultades, y cómo salvar los obstáculos que nos impiden vencerlos. Éste es el principio para mejorar nuestros estados y nuestras tendencias emocionales, y con ello nuestro éxito personal, laboral, social, e incluso nuestra salud física y psíquica.

Como dice el profesor Eduard Punset: «Con los años, ves que no puedes transformar el mundo, pero sí la mente».

Y en este sentido entramos en la parte más práctica del libro, donde el autor nos recomienda un decálogo de acciones para mejorar nuestra inteligencia emocional, un auténtico *vademecum* de reflexiones para abandonar estados aflictivos y que nos conducen hacia estados emocionales saludables.

Todos los elementos del decálogo son importantes, y por mi profesión de directivo y profesor de administración de empresas, dos de ellas me han llamado especialmente la atención. Vivir de acuerdo con determinados principios y valores facilita la mejora de la inteligencia emocional. En efecto, he comprobado mediante estudios e investigaciones que las empresas con más éxito son aquellas donde todas las personas creen firmemente y comparten unos valores y principios éticos, que conforman una cultura organizativa estable, como fundamento del éxito sostenido. Especialmente recomendable en este capítulo es la comparación entre los principios y valores de las distintas religiones. El otro principio que comparto totalmente y que he experimentado en la práctica es el que aconseja trabajar con objetivos adecuados, claros, realistas, placenteros, mesurables, difíciles de conseguir pero no utópicos, ya que si son inalcanzables producen una frustración dañina para las personas y las empresas. No menos interesantes son los otros principios: el que señala la falsa solución de las drogas, o retardar las respuestas emocionales, etc.

Por último, el libro pone de manifiesto la importancia de la comunicación en la mejora de la inteligencia emocional, distinguiendo entre comunicación verbal y comunicación no verbal, aportando ejemplos de las causas que mejoran y que empeoran la comunicación. Efectivamente, ambos aspectos de la comunicación son esenciales para el éxito personal y social.

La comunicación, como parte fundamental de la inteligencia emocional, es una cualidad que hay que practicar y mejorar en todas las profesiones. En una época de mi vida profesional en la que como primer ejecutivo tuve que reflotar una gran empresa sumida en una profunda crisis económica, pasé el 70 % de mi tiempo comunicando a todos los empleados, sindicatos, accionistas, bancos, medios de comunicación y el público en general la necesidad de aplicar medidas drásticas e impopulares, pero imprescindibles para salvar la empresa, apoyándome en los principios y valores que habían hecho de ella un líder en su sector durante un siglo. Y la comunicación no fue sólo verbal sino que tuvo en cuenta todos los elementos de la comunicación no verbal que describe el Dr. Pallarés. Creo que el espectacular reflotamiento que logramos se debió más a los aspectos basados en la comunicación a todos los niveles y la aplicación de muchas de las enseñanzas sobre el perfeccionamiento de nuestra inteligencia emocional que leemos en este libro que en el cúmulo de técnicas y herramientas formales en dirección de empresas; que si bien fueron significativas, su resultado no hubiera sido el mismo sin aplicar estas grandes dosis de comunicación y desarrollo de acciones de mejora de la inteligencia emocional en todas las personas de la organización. Y ahora, leyendo este libro, me percato de lo importante que fue este aspecto.

Animo, pues, al lector a iniciar la lectura de esta importante obra, que aporta a las personas y a las empresas ideas, recomendaciones y reflexiones para practicar cada día, y que entrenándonos asiduamente nos ayudarán a mejorar nuestra vida y a conseguir el éxito personal y social. Para mí, éste ya es a partir de ahora un libro imprescindible en mi bibliografía que voy a recomendar a mis alumnos de Dirección y Administración de Empresas.

JAUME LLOPIS
Profesor de IESE Business School
(Universidad de Navarra)

Introducción

«En el principio, Dios dijo: Hágase la luz. Y la luz se hizo...» (Génesis 1:3). Desde entonces, muchas son las cosas que han sido iluminadas en el mundo y en el ser humano y todavía son más las que desconocemos.

También, desde entonces, tenemos más preguntas que respuestas, y nuestra curiosidad no debería tener fin en ningún campo. Tampoco en el de la inteligencia.

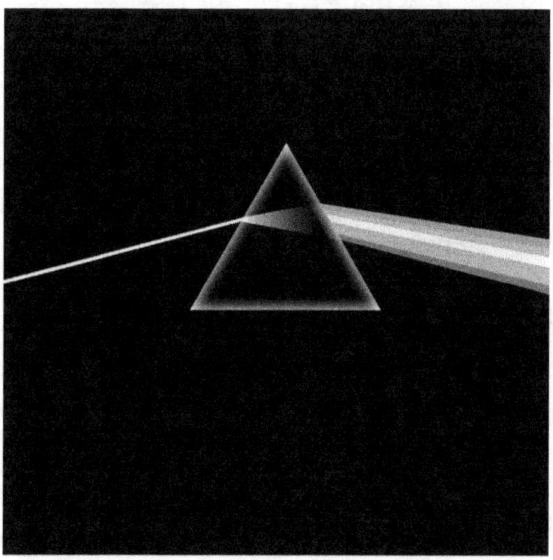

Figura 1. Para los creyentes por Dios, para los ateos sin Él, la luz fue hecha. (En la imagen, ilustración de la portada de un disco del grupo de música británico Pink Floyd.)

El concepto de inteligencia y su evolución

> *Sólo utilizamos un 10 %*
> *de nuestra capacidad intelectual.*
> Albert Einstein

Ésta es una afirmación conocida por todos que hemos visto escrita infinidad de veces. Pero es hora de preocuparnos por cómo incrementar este porcentaje, por cómo expandir nuestra capacidad intelectual. Empecemos por analizar el concepto de inteligencia.

A lo largo de la historia, el concepto de inteligencia ha sido cambiante, pero es en los últimos tiempos cuando ha evolucionado enormemente.

La inteligencia ha tenido múltiples definiciones, entre otras muchas se la ha considerado:

- «La capacidad de entender, resolver problemas y superar los obstáculos que se presentan».
- «La capacidad de resolver problemas o elaborar productos que sean valiosos en una o más culturas».
- «La capacidad mental que implica la habilidad de razonar, plantear y resolver problemas, pensar de manera abstracta, comprender ideas complejas y aprender rápidamente de la experiencia propia y ajena».

En el fondo, y huyendo de la literalidad, ser inteligente implica tener la capacidad de prever, comprender y superar los problemas que se nos presentan en el día a día.

Medición de la inteligencia

Definir la inteligencia implica divergencias y dificultades, pero el objetivo de medirla ha sido siempre muy deseado, pues permitiría valorar este parámetro y daría la posibilidad de conocer mejor el potencial de cada persona.

Cociente de inteligencia

La dificultad para medir la inteligencia viene de lejos. No fue hasta 1905 cuando un psicólogo francés, Alfred Bidet, publicó su primera batería de pruebas para valorar la inteligencia, un estudio que posteriormente fue revisado y ampliado por él mismo.

El psicólogo estadounidense Lewis Ferman (1877-1956) también se interesó en valorar la inteligencia. Sus estudios permitieron, al final de la Primera Guerra Mundial, conocer mejor y clasificar a millones de ciudadanos de todo el mundo, mediante su famoso CI, siglas de cociente de inteligencia (no coeficiente como se ha traducido muchas veces), como dato de partida para valorar la inteligencia.

El CI se sigue utilizando actualmente para medir la inteligencia, considerada «algo» que puede medirse por un factor único o global, el «factor g». Por este método, el CI se valora mediante un número que resulta de la realización de una serie de pruebas estandarizadas para medir las habilidades intelectuales de la persona, en relación con su grupo de edad.

Por convenio, la media del CI ha sido establecida en 100. Así, una persona con un CI de 110 está por encima de la media de las personas de su edad, y si alcanza 130 pertenece al grupo de los «superdotados». Cuanto más bajo de 100 es el CI, la valoración de la inteligencia de la persona expresa un nivel menor.

En la valoración global del CI, intervienen hasta diez factores:

- Información general.
- Comprensión verbal.
- Memoria.
- Matemáticas.
- Semejanzas.

- Vocabulario.
- Cubos.
- Códigos.
- Ensamblaje de objetos.
- Clasificación de imágenes.

Con el tiempo, la valoración de un individuo de acuerdo con su CI ha demostrado ser claramente ineficaz. Son innumerables los ejemplos de personas con un brillante currículo, basado en sus elevados valores de CI, que han protagonizado fracasos manifiestos en su vida personal, profesional, económica o social.

Inteligencias múltiples

El fracaso del CI motivó la búsqueda de nuevas perspectivas. Un famoso psicólogo, Howard Gardner, propuso un nuevo modelo en 1990. Defendió la idea de que la inteligencia no debe entenderse como algo unitario o globalizador, sino que agrupa diferentes capacidades específicas, que componen un conjunto que él denominó «inteligencias múltiples».

Estas inteligencias múltiples son distintas e independientes entre sí, y su diferenciación crea un potencial de aprendizaje y creatividad muy superior al existente hasta esta fecha.

Gardner ha descrito hasta veinticinco tipos de inteligencia, que agrupa en ocho esenciales:

- *Lingüística o verbal.* Propia de escritores, poetas, comunicadores, políticos, vendedores, maestros, profesores, filósofos, etc.
- *Lógico-matemática.* La que tradicionalmente se consideraba la esencial. Utilizada por ingenieros, arquitectos, técnicos, químicos, etc.
- *Coordinación o destreza corporal.* Esencial para deportistas de todo tipo, bailarines, artesanos, y para aquellos cuya profesión les exige tener flexibilidad, velocidad, equilibrio, fuerza, etc.

- *Espacial o visual.* Propia de pintores, escultores, arquitectos, decoradores y todos aquellos que precisan tener habilidad para dominar el equilibrio entre espacio y materia.
- *Musical.* Utilizada fundamentalmente por músicos, compositores, productores, bailarines, etc.
- *Sexual.* Su conocimiento permite una satisfacción adecuada de nuestra dimensión erótica y sexual.
- *Naturalista.* O facilidad de comunicación con la naturaleza.
- *Emocional.* Entendida como la capacidad humana para resolver problemas relacionados con las emociones. En esencia, permite el entendimiento con uno mismo y con los demás.

  Esta inteligencia ha sido escasamente valorada hasta hace poco tiempo, pero ha demostrado ser esencial para mantener el equilibrio físico y psicológico y para lograr los objetivos personales, económicos, laborales y sociales.

Basándonos en esta realidad, parece absurdo insistir en que todas los personas aprendan de la misma manera. El estudio de una determinada materia debería presentarse teniendo en cuenta las capacidades de aprendizaje de cada individuo, aprovechando sus puntos fuertes (lingüísticos, visuales, musicales, corporales, matemáticos, etc.), como hace la programación neurolingüística.

Quizá deberíamos plantearnos si no sería más adecuado, desde los primeros años de aprendizaje, proporcionar una educación centrada en sólo dos o tres tipos de las «nuevas inteligencias», seleccionadas en función de los potenciales de cada persona, en lugar de diversificarlas, sin dominar ninguna, a fin de prepararnos mejor para vivir en un mundo cada vez más competitivo, especializado y complejo.

De hecho, los ejemplos en este sentido son innumerables: músicos con conocimientos escasos en las «otras inteligencias» y brillantes en inteligencia musical; pintores con una extraordinaria inteligencia visual, casi en exclusiva; deportistas, grandes ídolos y triunfadores, que «sólo» son brillantes en coordinación y destreza corporal.

Inteligencia emocional. El «gran descubrimiento»

Tras aceptar la idea de las inteligencias múltiples, uno de los «descubrimientos» más significativos ha sido la inteligencia emocional.

Las emociones han estado presentes en el ser humano desde sus orígenes; sin embargo, han sido las grandes olvidadas o, por lo menos, poco valoradas. Su descubrimiento como un factor importante para incrementar las posibilidades de aprendizaje es muy reciente. Aristóteles ofrecía una definición de inteligencia emocional que todavía hoy no hemos sabido superar:

> *Cualquiera puede enfadarse, pero enfadarse*
> *con la persona adecuada, en el grado exacto, en el*
> *momento oportuno, con el propósito justo y del modo*
> *correcto no está al alcance de cualquiera.*
> Aristóteles, en *Ética a Nicómaco*

Desde que en la última década del pasado siglo XX, los psicólogos estadounidenses Howard Gardner y Daniel Goleman redescubrieron la inteligencia emocional, numerosos estudios posteriores han destacado su importancia y cómo puede condicionar nuestras vidas. Hoy en día, despierta un interés creciente por las enormes ventajas que aporta a la persona, tanto en su vida privada como en la pública, la laboral y la social.

Objetivo del libro

El motivo de este libro es describir determinados aspectos del conocimiento de las emociones, intentando dar respuesta a cuestiones como éstas:

- ¿Dónde se forman las emociones?
- ¿Qué conexiones tienen con el resto del encéfalo?
- ¿Qué consecuencias tienen estas conexiones?

- ¿Qué papel desempeñan algunos neurotransmisores en su creación?
- ¿Qué funciones cumplen las emociones?
- ¿Cuáles son las consecuencias de la cronificación de determinadas tendencias emocionales en nuestra salud física y mental, o en nuestra personalidad y en nuestra vida? ¿Podemos transformarlas? ¿Cómo?

Para contestar a éstas y otras cuestiones, es esencial basarnos en información actual y completa del órgano que parece esencial en la creación de tales funciones, y que no es otro que el encéfalo.

La felicidad está en el camino
hacia su búsqueda.

Capítulo 1
El encéfalo humano

*Sólo podemos aprovecharnos de aquello que conocemos
y que, voluntariamente, queramos aplicar.*

El encéfalo es el órgano más complejo y diferenciado en la evolución de los seres vivos de todo el planeta. En él se localizan funciones extraordinarias que nos permiten hablar, ver, oír, recordar, sentir, imaginar, emocionarnos, etc. Es la sede de las inteligencias. Por eso, es esencial conocer a fondo todo lo relacionado con su anatomía macro y microscópica, sus neurotransmisores y hormonas y sus funciones.

Importancia del encéfalo humano

De su importancia nos hablan una serie de datos, de los que destacamos dos a modo de ejemplo:

- Su perfecta protección, lograda por los huesos que forman la cavidad craneana, por las meninges, membranas que separan los huesos del cráneo del encéfalo, y por otros elementos como el líquido céfalo-raquídeo, que circula entre las capas de las meninges y a través de las cavidades del cerebro llamadas ventrículos.
- La desproporción existente entre su peso, aproximadamente un 2 % del peso corporal, y su consumo energético, alrededor del 20 % de la energía que consume todo el organismo. Este

consumo energético de un 1.000 % respecto al que correspondería según su peso, es un reflejo de la importancia de sus funciones.

Anatomía macroscópica

Desde un punto de vista macroscópico, el encéfalo está formado por los hemisferios cerebrales, el cerebelo, el tronco del encéfalo y la médula espinal.

Hemisferios cerebrales

En número de dos, el derecho y el izquierdo, separados por una cisura sagital profunda en la línea media, llamada cisura longitudinal del cerebro. Ambos hemisferios cerebrales están conectados por una especie de puente denominado cuerpo calloso.

La superficie de cada hemisferio cerebral está formada por la sustancia gris donde residen los cuerpos de las neuronas. Para incrementar esta superficie, se halla surcada por pliegues y circunvoluciones, separadas por surcos y cisuras más profundas, que dividen cada hemisferio en lóbulos: frontal, parietal, temporal y occipital.

Dentro de cada hemisferio encontramos la sustancia blanca que, a su vez, contiene varias masas grandes de sustancia gris, los núcleos o ganglios de la base. La sustancia blanca está formada por los axones, o prolongaciones de los cuerpos neuronales, que conectan zonas de un mismo hemisferio (fibras de asociación); de un hemisferio con el opuesto (fibras comisurales); y los impulsos que llegan desde la médula espinal hasta el cerebro (fibras de proyección).

La cavidad presente en cada hemisferio se denomina ventrículo lateral, y se comunica con un ventrículo central o tercer ventrículo a través de los agujeros interventriculares, por los que circula el líquido céfalo-raquídeo.

Cerebelo

Situado en la parte posterior del encéfalo, su misión primordial es co-ordinar los movimientos del cuerpo y mantener el equilibrio.

Tronco del encéfalo

Situado debajo del cerebro, donde residen importantes núcleos que controlan funciones vitales, entre ellas, la respiración y la actividad del corazón.

La médula espinal

Se encuentra, a su vez, debajo del tronco del encéfalo y recorre toda la columna vertebral a través de un espacio situado entre los cuerpos de las vértebras, llamado agujero vertebral. De la médula parten los ner-

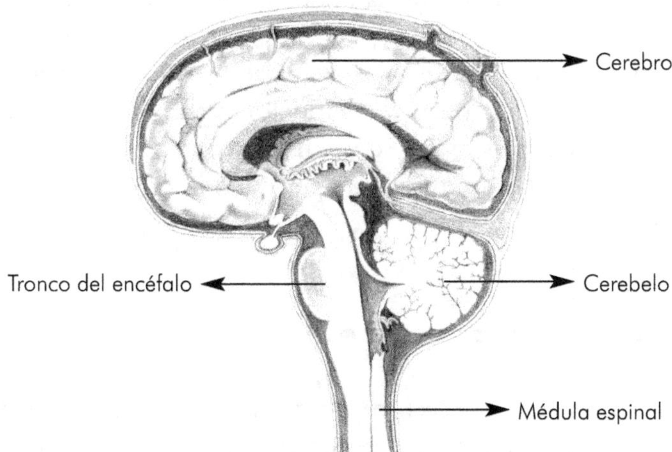

Figura 2. Imagen esquemática del encéfalo, donde se aprecia la situación del cerebro, el cerebelo, el tronco del encéfalo y la médula espinal.

vios periféricos, que permiten los movimientos de los músculos de nuestro cuerpo.

Anatomía microscópica

A nivel microscópico, el encéfalo integra más de 100.000 millones de neuronas, cuyos cuerpos celulares se agrupan o bien en la corteza cerebral, constituyendo la sustancia gris, o bien en forma de conglomerados de sustancia gris que se aprecian en el interior de la masa encefálica, llamados núcleos cerebrales.

Neuronas y conexiones neuronales o sinapsis

La sustancia blanca del encéfalo está formada principalmente por las prolongaciones nerviosas de las neuronas (dendritas y axones), cuya misión es conducir la información hacia los cuerpos de otras neuronas.

Cada neurona tiene conexiones, denominadas sinapsis, con otras 20.000 neuronas distintas, formando determinadas redes con funciones diferentes y muy importantes: la coordinación y el control de los movimientos, la información que recibimos de nuestros cinco sentidos, el lenguaje, la memoria, las emociones, la inteligencia... Para realizar todas estas funciones, se valen de numerosos neurotransmisores, unas sustancias químicas que permiten la comunicación entre las neuronas.

Principales neurotransmisores

Todas las funciones del cerebro son consecuencia de los elementos anatómicos comentados y de las interacciones locales, en la sinapsis o a distancia (fuera del encéfalo) de determinados neurotransmisores y hormonas que aparecen resumidos en la tabla 1.

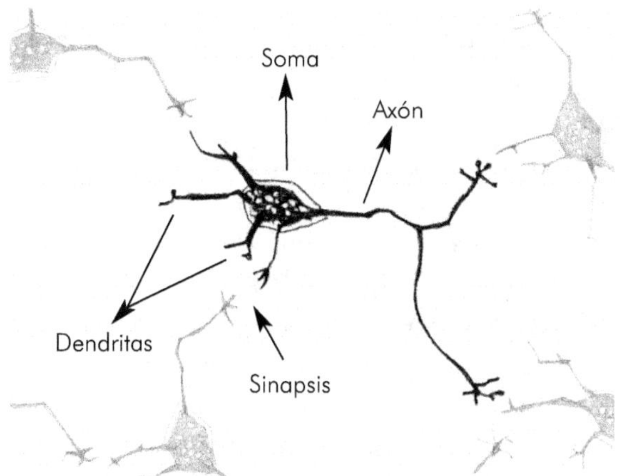

Figura 3. Imagen esquemática de neuronas donde se aprecia su citoplasma o soma, su axón o cilindro eje, sus dendritas y sus espacios sinápticos o de conexión.

Veamos cuáles son las acciones principales atribuidas a cada uno de estos transmisores químicos.

- *Dopamina.* Es un neurotransmisor importante, que se localiza principalmente en núcleos cerebrales, dentro de la sustancia blan-

Neurotransmisores	Hormonas
– Dopamina – Serotonina – Occitocina – Vasopresina – Endorfinas – Feromonas – Acetilcolina – GABA – NO (óxido nítrico)	– Hormona del crecimiento – Tiroxina – Adrenalina y noradrenalina – Cortisona – Andrógenos – Estrógenos

Tabla 1. Principales neurotransmisores y hormonas que actúan en el encéfalo.

ca, como el cuerpo estriado, la sustancia negra y la vía mesolímbica, y cuya actividad se relaciona con el movimiento voluntario y con los mecanismos de recompensa y de placer.

Al igual que la mayoría de moléculas biológicas importantes, debe mantenerse dentro de determinados límites. La escasez de dopamina cerebral desencadena temblores y parálisis musculares, propias de la enfermedad de Párkinson. Por el contrario, un exceso de dopamina en áreas cerebrales concretas se manifiesta, entre otros síntomas, por la presencia de alucinaciones auditivas o visuales, propias de la esquizofrenia.

Como responsable de los mecanismos de recompensa, tiene relación con la acción de determinadas drogas: el alcohol, la cocaína, el opio, la heroína o la nicotina. Todas ellas actúan sobre receptores distintos, pero finalmente liberan el mismo neurotransmisor, la dopamina, por lo que se denomina el «neurotransmisor de la recompensa y el placer».

- *Serotonina.* Desde el punto de vista emocional, este neurotransmisor se relaciona con los estados de ánimo. La depresión, los estados de ansiedad, el insomnio, las alteraciones del apetito, el control de la ira, o los desórdenes obsesivo-compulsivos cursan con cifras bajas de serotonina. Los principales fármacos utilizados en el tratamiento de los estados de ansiedad y depresión son los inhibidores de la recaptación de serotonina (IRS), que se traducen por un incremento de su concentración en las sinapsis interneuronales.

- *Occitocina.* Es el neurotransmisor del enamoramiento, y no distingue entre el amor a los hijos, del de la persona amada. Está presente fundamentalmente durante el parto y la lactancia y proporciona bienestar y sensaciones de generosidad y de comprensión.

Sus niveles se incrementan también durante las relaciones sexuales, las buenas relaciones sociales, o los estados placenteros, como escuchar música agradable o disfrutar de una conversación amena.

Hay una relación directa entre los niveles de occitocina y los sentimientos de confianza, generosidad y compasión.

- *Vasopresina.* Tiene una estructura química similar a la occitocina y efectos comparables en el comportamiento sexual y afectivo. Actúa además como hormona antidiurética (disminuye la eliminación de agua).

- *Endorfinas.* Están implicadas en los mecanismos de reducción del dolor y la sensación de placer. Se encuentran ampliamente distribuidas por el sistema nervioso, especialmente en el sistema límbico.

    Los opiáceos (opio, morfina y heroína) son estructuralmente similares a las endorfinas, con las que comparte receptor. Ambos disminuyen la frecuencia cardíaca, la frecuencia respiratoria y el metabolismo de la persona.

- *Feromonas.* Su principal acción es incrementar el apetito sexual. Están relacionadas con los olores que emite el cuerpo, aunque se detectan a niveles umbrales muy bajos, por lo que no son percibidos de manera consciente.

    Los varones tienen siempre el mismo nivel de feromonas, mientras que las mujeres lo incrementan en los períodos fértiles de su ciclo menstrual.

- *Acetilcolina.* Fue de los primeros neurotransmisores descubiertos, probablemente por su amplia localización. Es la responsable de la estimulación de los músculos voluntarios y los del sistema gastrointestinal. Se relaciona también con la enfermedad de Alzheimer, pues existe una pérdida de este neurotransmisor en el cerebro de las personas que padecen esta enfermedad y, como consecuencia, una pérdida de memoria.

El *botox* (toxina botulínica) es un bloqueante de su acción. Se utiliza en cosmética para inhibir la función de determinados músculos de la cara y así evitar la formación de arrugas.

- *GABA (ácido gamma amino butírico).* Es uno de los neurotransmisores más abundantes del cerebro, pues se encuentra en cerca del 40 % de todas las sinapsis. Actúa como «frenador» de los neurotransmisores excitadores neuronales. Una disminución de GABA en determinadas áreas cerebrales se manifiesta en forma de epilepsia, o de ansiedad.

  Los ansiolíticos benzodiacepínicos (los más utilizados) tienen un mecanismo de acción parecida a la acción del GABA.

- *Oxido nítrico (NO).* Interviene en procesos de aprendizaje y memoria y como molécula vasodilatadora.

- *Hormona del crecimiento.* Su acción principal se manifiesta por el crecimiento del cuerpo. Se utiliza para paliar determinados tipos de enanismo. También se usa de manera no reglada ni suficientemente estudiada en los adultos, para contrarrestar el cansancio físico, incrementar la masa y la fuerza muscular y mejorar la calidad de vida.

- *Tiroxina.* Esta hormona se relaciona fundamentalmente con el metabolismo. Su incremento se manifiesta como hipertiroidismo, y sus síntomas principales son: pérdida de peso, sudoración, diarreas, taquicardia, temblor y alteraciones en el globo ocular. El déficit de troxina, como en el hipotiroidismo, origina deterioro cognitivo, depresión, constipación, sensación de frío, incremento de peso, y edema cutáneo que no deja marca al presionarlo (mixedema).

- *Cortisona.* Es la hormona de la lucha y del estrés. Su acción puntual nos prepara para la lucha o la huida. Su elevación constante contribuye a la producción de estrés y de todo tipo de enfermedades que minan el sistema inmunitario (infecciones, enfermedades autoinmunes e incluso cáncer...).

- *Estrógenos.* Son las hormonas femeninas por excelencia. Producidas por los ovarios y en menor proporción por las glándulas suprarrenales, de ellas dependen la distribución de la grasa corporal femenina, el incremento de los senos, del pezón y de la areola mamaria, la pigmentación de la piel, de los pezones y del área genital y el incremento de la resistencia ósea, entre otras funciones.

- *Andrógenos.* Son las hormonas masculinas por excelencia. Producidas por los testículos y en menor proporción por las glándulas suprarrenales. Tiene acciones anabolizantes (incrementan la masa muscular y la fuerza de la persona que los toma) y virilizantes, como consecuencia del incremento de los caracteres sexuales secundarios (tono de voz más grave, crecimiento de la barba y el bigote, disposición de la grasa corporal masculina, etcétera).

- *Adrenalina y noradrenalina.* Las glándulas suprarrenales son el almacén de estos neurotransmisores, que se liberan a la sangre en situaciones de «alerta máxima». Preparan a nuestro cuerpo, junto al cortisol, para la lucha o la huida, por lo que, entre otras cosas, aceleran los ritmos cardíaco y respiratorio.

Resumen

Cada vez sabemos más acerca de cómo funciona el encéfalo. Pero todo lo dicho hasta ahora no proporciona información suficiente sobre sus funciones y sobre el papel que desempeña en las emociones.

Quizá si realizamos un breve recorrido por la evolución que ha experimentado el encéfalo humano a través de millones de años, en busca de entender el funcionamiento de encéfalos más sencillos que ha tenido que superar para conseguir las prestaciones actuales, reconoceremos entonces la complejidad de nuestro cerebro actual y podremos fundamentar y comprender un poco más el conocimiento que buscamos sobre las emociones.

Nuestro deseo de conocimiento es eterno.
Albert Einstein

Capítulo 2
Evolución filogenética del encéfalo

En ocasiones, para entender el «hoy»,
hemos de comprender mejor el «ayer».

La paleoneurología, entendida como la ciencia que estudia los cambios evolutivos del cerebro humano, intenta responder a las cuestiones que nos ayudan a comprender la adquisición progresiva de sus distintas funciones y a mejorar sus posibilidades de aprovechamiento.

En busca del primer cerebro

Por encéfalo entendemos la parte desarrollada del sistema nervioso central, de la que el cerebro es sólo una porción, aunque con funciones importantísimas (véase la figura 2).

No podemos buscar en nuestros ancestros algo morfológicamente parecido al encéfalo actual, aunque más pequeño y rudimentario. A lo que llamaremos encéfalo en los seres vivos menos evolucionados será a una parte del mismo que, como a nosotros, les ayude a tomar decisiones, aunque éstas sean tan simples como acercarse o alejarse de un medio que puede serle beneficioso u hostil.

¿Pero cuándo apareció por primera vez un cerebro en un organismo vivo y cuáles fueron sus funciones fundamentales?

Seres vivos y materia inerte

Si analizamos por separado la materia viva y la inerte, vemos que no existen grandes diferencias entre ellas, ya que ambas están formadas por las mismas partículas subatómicas, los mismos átomos y moléculas.

¿Cuál es, entonces, la diferencia fundamental entre materia viva e inerte? Probablemente, la diferencia no está ligada a la materia en sí misma, sino a su modo de organizarse. La frontera que separa un ser vivo de uno inerte es, a veces, delgada y permeable. Podemos definir a un ser vivo como aquel organismo que es capaz de nacer, desarrollarse, reproducirse y morir.

El «cerebro» en los seres unicelulares

Los virus

Están en el límite de esta frontera entre los seres vivos y los inanimados. Estos pequeños elementos, dotados de cápsulas proteicas que encierran fragmentos de ácidos nucleicos (ADN o ARN), no pueden vivir ni reproducirse por sí mismos, pero esto no significa que no tengan vida. Cuando infectan a un organismo más evolucionado lo utilizan como «colaborador necesario» para crear su propio material genético, que asegura su reproducción y supervivencia. Su cerebro, si aceptamos que lo tienen, será una parte de estos ácidos nucleicos.

Los unicelulares procariotas

Si buscamos «el primer cerebro» que organice a un ser vivo independiente, debemos considerar el falso núcleo de los procariotas *(pro* = falso, y *carium* = núcleo), pues parte de este núcleo les ayuda en la elección del hábitat que les permite vivir, y les aleja de aquel que les resulta perjudicial.

Los procariotas son organismos constituidos por una sola célula, muy primitivos, que aparecieron a partir de un determinado momento del período Arcaico, hace entre 4.000 y 2.500 millones de años, y to-

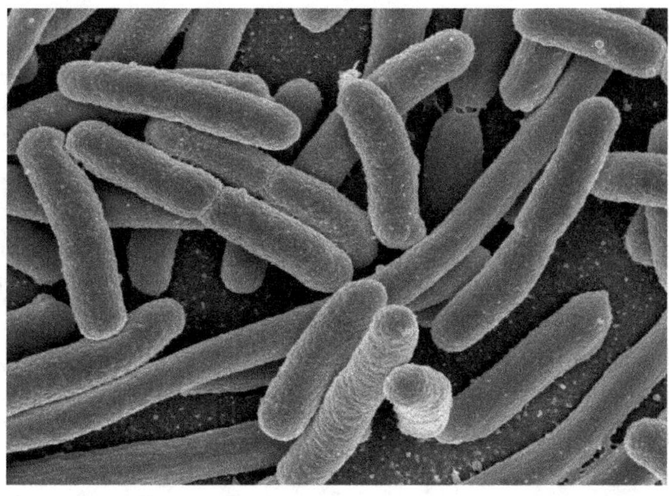

Figura 4. Ejemplo de una célula procariota *Escherichia coli*.

davía persisten entre nosotros, como lo demuestra, por ejemplo, la *Escherichia coli*, un germen que aún hoy causa muchas infecciones de orina y de otros tipos en los humanos.

Los unicelulares eucariotas

Los procariotas, o bacterias primitivas, evolucionaron hacia organismos más complejos, hace unos 2.000 millones de años. «Inventaron» un metabolismo nuevo, que les permitía usar la energía del sol y el dióxido de carbono (CO_2) para nutrirse y fabricar oxígeno. Ese preciado y peligroso oxígeno libre hizo posible que su vida evolucionara hasta convertirse en lo que hoy llamamos eucariotas.

En 1971, la bióloga estadounidense Lynn Margulis explicó el paso de procariotas a eucariotas a partir de su teoría de la *endosimbiosis seriada*, o «ayuda desde dentro». Según Margulis, el progresivo incremento de oxígeno, producto de la fotosíntesis, permitió que determinados procariotas que habían adquirido la capacidad de utilizar el oxígeno para obtener energía fueran fagocitados por células de mayor tamaño sin que existiera digestión.

Así, la pequeña célula procariota «tragada» pero no destruida se transformó en mitocondria, un elemento capaz, como si fuera una central energética, de reportar mayores cantidades de energía al nuevo ser viviente, la célula eucariota.

Esta nueva célula tiene en su evolución un núcleo perfectamente separado del citoplasma por una membrana nuclear, donde residirá el esbozo de su encéfalo, y es capaz de dividirse por mitosis, o sea, por duplicación del material genético de cada célula especializada, frente a la fisión binaria en la que la célula del unicelular se divide en dos células hijas idénticas.

Llegan los multicelulares

Posteriormente, los organismos eucariotas desarrollaron sus estructuras y, en unos 200 millones de años, pasaron de ser casi invisibles a alcanzar el tamaño de una moneda de 10 céntimos.

Durante otros 1.000 millones de años, se limitaron a ser simples células bacterianas, hasta que en la transición del período Precámbrico al Cámbrico, hace unos 500 millones de años, coincidiendo con un nuevo incremento de la concentración de oxígeno en el ambiente, se convirtieron en poco tiempo (unos cientos de millones de años) en organismos multicelulares gigantescos, como los cefalópodos del Ordovícico, de más de tres metros de largo.

El cerebro de los tunicados

El «primer cerebro» en la escala evolutiva se halla próximo al de los tunicados, seres vivos pluricelulares más complejos que los unicelulares.

Los tunicados son organismos de color azulado y piel delgada, con aspecto de vasija. Viven en el fondo del mar, fijados a una roca, y se

Figura 5. Los tunicados son un ejemplo de los primeros
cerebros evolutivos.

alimentan de los nutrientes que obtienen al filtrar el agua (véase la figura 5).

Los tunicados carecen de cerebro, pues no se mueven, excepto
cuando se reproducen, que se sirven de una especie de semilla móvil
parecida a un pequeño renacuajo. Esta suerte de semilla sí está dotada de un mini cerebro, suficiente para que durante la escasa hora que
dura su existencia sea capaz de evitar los peligros que le rodean, elegir
una zona y fijarse en el lugar que le parece más adecuado para su
supervivencia. A continuación, introduce la cabeza y absorbe su propio cerebro. Queda un rudimento cerebral que permanece controlan-
do el bombeo de agua y su sencillo aparato digestivo, que es lo más
parecido al primer embrión de un encéfalo.

Evolución del encéfalo de los vertebrados

Desde que apareció el primer cerebro primitivo de los tunicados hasta que se formó el cerebro de los vertebrados transcurrieron, de nue-

vo, millones de años, sin que cesase su evolución. Veamos, a grandes rasgos, qué ocurrió en los vertebrados.

En su fase embrionaria, todos los vertebrados poseen tres protuberancias en el extremo anterior de lo que será su sistema nervioso central, el tubo neural.

De la evolución de estas tres protuberancias, la anterior dará lugar a los dos hemisferios cerebrales y al cerebro olfativo. La intermedia creará el tálamo y los lóbulos ópticos. Por último, la protuberancia posterior dará origen al tronco del encéfalo, al cerebelo y a la médula espinal.

Todos los vertebrados poseen elementos del desarrollo de estas tres protuberancias, aunque en proporciones distintas, sobre todo si las relacionamos con el peso final del encéfalo del vertebrado estudiado.

En los reptiles están presentes las tres protuberancias, pero predomina el encéfalo desarrollado a partir de la protuberancia posterior. En los mamíferos predomina la porción de encéfalo desarrollado a partir de la protuberancia media. Por último, en los humanos, predomina el encéfalo desarrollado a partir de la protuberancia anterior.

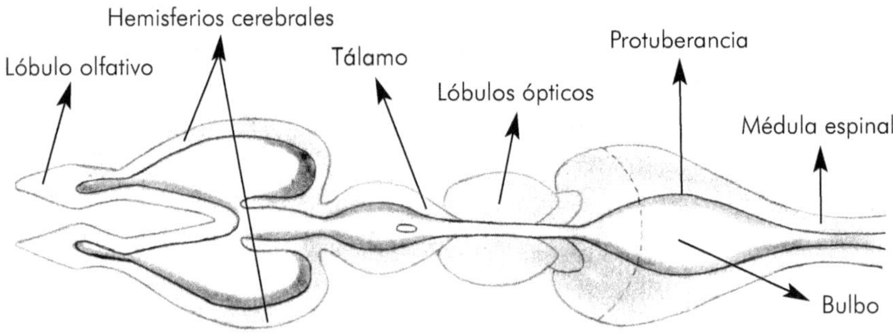

Figura 6. Diseño general del cerebro de los vertebrados,
donde se distinguen tres protuberancias (anterior, media y posterior)
que darán lugar al cerebro, el tálamo, el tronco del encéfalo y
la médula espinal.

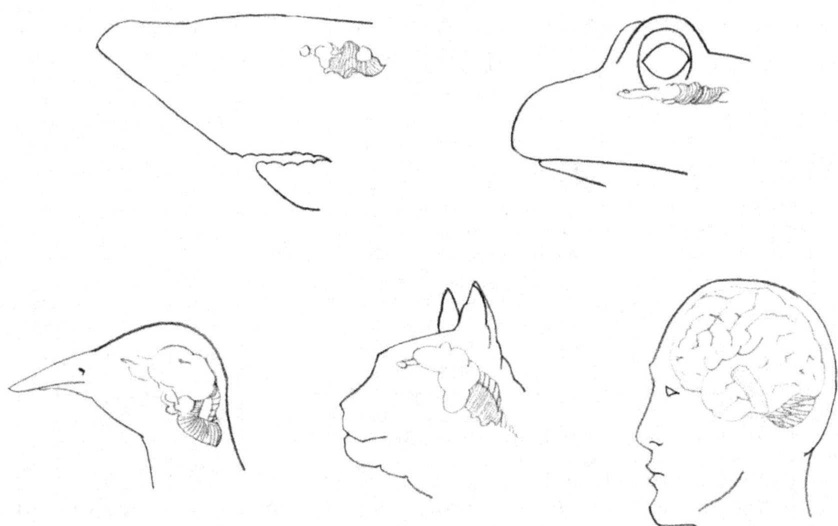

Figura 7. Representación gráfica de las distintas proporciones de las tres
protuberancias, en diferentes grupos de vertebrados.

La protuberancia anterior es la que da lugar a los hemisferios cerebrales, y la que ha experimentado más cambios en el curso de la evolución de los vertebrados. Su tamaño no ha cesado de crecer desde hace sesenta millones de años. Se ha incrementado progresivamente desde los vertebrados más primitivos, los peces, en los que está relacionado exclusivamente con la información olfatoria, y se le denomina rinencéfalo, pasando por los anfibios, las aves y los mamíferos, hasta llegar al *Homo sapiens*.

Son muchas y muy evidentes las diferencias que hay entre los distintos cerebros de vertebrados, aunque a primera vista destaca que, en relación con su peso, los hemisferios cerebrales del ser humano son enormemente voluminosos.

También se han producido grandes diferencias en el tamaño y la forma del encéfalo de los homínidos que vivieron hace dos millones de años. Por ejemplo, su peso ha pasado de 500 a 1.500 g, y este cambio se ha visto acompañado de diferencias notables, por ejemplo, en el lóbulo frontal, región que tiene un papel clave en la toma de decisiones y en la planificación de las respuestas emocionales.

El concepto «mente»

> *La mente no es el encéfalo,*
> *sino lo que el encéfalo hace.*

También las funciones atribuidas al cerebro y, por lo tanto, a la mente han cambiado a lo largo del tiempo. Veamos qué pensaban de sus funciones las principales culturas que nos precedieron.

Los egipcios, unos diez mil años antes de nuestra civilización, y con seguridad una de las civilizaciones antiguas más cultas y evolucionadas, consideraban que el cerebro era un órgano poco importante, que extirpaban a través de la nariz en el momento de la momificación.

Los griegos, con Aristóteles a la cabeza, pensaban que el cerebro no dejaba de ser una «esponja» que enfriaba la sangre. Galeno, en el siglo II aC, fue uno de los primeros en mencionar su importante función, como rector del resto del organismo.

Actualmente, todavía nos preguntamos cómo las millones y millones de neuronas que lo componen son capaces de organizarse en ese caos, aunque el conocimiento que tenemos de las mismas y de sus funciones no ha cesado de aumentar. Sigamos este rastro.

Capítulo 3
Cómo funciona el encéfalo

Hemos avanzado mucho hasta llegar a este punto, y aunque lo cierto es que todavía nadie sabe cómo funciona exactamente el encéfalo, el neurólogo Paul McLean aporta un punto de vista interesante y muy didáctico.

La deconstrucción del encéfalo: el cerebro trino de McLean

La concepción del cerebro «tri-uno» o trino en los humanos fue propuesta, a principios de los años setenta, por Paul McLean (1913-2007). Aportó nuevos modos de entender el funcionamiento del cerebro, de mejorar su rendimiento y de aumentar sus posibilidades de aprendizaje.

La propuesta de McLean deconstruye o divide la unidad encefálica, siguiendo la teoría de la evolución filogenética, a través del desarrollo embrionario, en «tres cerebros»:

- *El cerebro reptil.* El más primitivo, situado en las profundidades encefálicas, desarrollado en varios centenares de millones de años y regulador de las funciones necesarias para la supervivencia.

  Es el responsable de la conducta automática y tiene como misión fundamental conservar los sistemas más importantes para la vida, el movimiento y el equilibrio. Así, controla la respiración, el ritmo del corazón, la función renal, la presión arterial, el equilibrio, el movimiento y las secreciones y los movimientos del tracto digestivo.

Algunas de sus funciones principales son: mantener las constantes vitales, luchar por la supervivencia (por medio del ataque o la huida) y mantener el equilibrio estático.

- *El cerebro mamífero o sistema límbico.* Segundo en la escala evolutiva. Aparece circundando al complejo reptil. Empieza a desarrollarse de manera incipiente en las aves y se encuentra más desarrollado en los mamíferos, de los que toma su nombre, con el de sistema límbico y, evidentemente, es todavía más completo en el ser humano.

   Sus funciones son importantes y variadas: la función endocrina y el control hormonal, el mantenimiento de las constantes vitales (temperatura, presión arterial, hambre, sed, etc.), la memoria, la percepción del placer y el dolor o las emociones.

- *El cerebro cortical o neocórtex.* El de más reciente aparición, situado en la periferia del cerebro, envuelve a los dos cerebros anteriores.

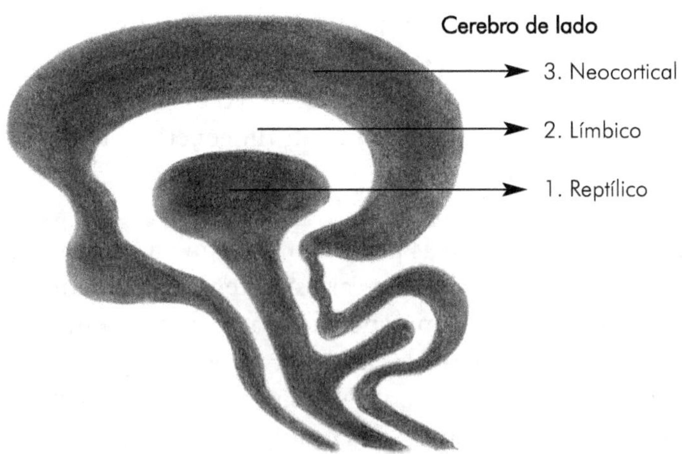

Figura 8. Representación esquemática de la formación en estratos o en capas superpuestas del cerebro trino de McLean.

Es el «tercer cerebro» evolutivo, el más moderno y diferenciador. Lo poseen en mayor proporción los humanos, y es el responsable de los grandes elementos funcionales diferenciales con el resto de vertebrados. De él dependen las capacidades de hablar, pensar, imaginar, comprender, organizar la información recibida, participar en la toma de decisiones, calcular, componer, escribir, etc.

Para realizar estas funciones diferenciadoras, el cerebro cortical parece haber cedido el control del cuidado y funcionamiento del cuerpo a los cerebros reptil y mamífero, para así poder dedicarse, casi en exclusiva, a sus importantes labores.

La jerarquía en el cerebro trino de McLean

Nadie puede negarle a Paul McLean el extraordinario efecto didáctico que ha tenido en la compresión del funcionamiento de la mente (esta «deconstrucción» de los elementos u órganos que componen el encéfalo), para facilitar la comprensión de sus variadas y complejas funciones.

Pero el encéfalo no funciona de la manera que cabría esperar, en el sentido de que la parte «más moderna, mejor documentada y más dotada jerárquicamente» ordena y las demás obedecen.

Más bien se trata de tres cerebros autónomos que quieren realizar sus funciones sin interferencias jerárquicas.

Veamos algunos ejemplos que apoyan esta independencia funcional:

* *El funcionamiento de las constantes vitales en los casos de coma.* Nuestro ritmo cardíaco y respiratorio dependen del cerebro «reptil», y el neocórtex nada puede hacer para sustituirlo. Sólo hace falta que prestemos atención a lo que ocurre cuando una persona entra en coma, y desaparece su capacidad de respuesta a los estímulos visuales, auditivos, sensitivos o cognitivos en general, sin que por ello deje de funcionar el control encefálico sobre el corazón o los pulmones, que siguen funcionando dirigidos por el cerebro más antiguo, el reptil.

- *El mantenimiento de las funciones del cerebro mamífero, sin interferencias corticales.* El cerebro mamífero o sistema límbico lleva a cabo muchas acciones, permitiendo que nuestro organismo tenga noticia e intente saciar las necesidades importantes que dependen de él: el hambre, la sed, la temperatura, la presión arterial, los niveles hormonales, además de las satisfacciones y las emociones y la memoria a largo plazo. El cerebro mamífero es el de la supervivencia, frente al control de la corteza. El corazón frente al cerebro.

  Tampoco este cerebro cede sus funciones al cerebro cortical, y mantiene, por ejemplo, los controles sobre las hormonas, la presión arterial, las emociones, más allá de lo que piense o desee el cerebro cortical, aunque éste ejerce importantes influencias sobre este sistema.

- *Algunos «errores» del neocórtex.* Por último, el neocórtex se especializa en funciones más evolucionadas e intenta dar respuestas lógicas y racionales a nuestros actos, sin que en muchas ocasiones escuche la primera impresión que le facilita el sistema límbico o cerebro emocional y que le evitaría un buen número de errores.

  Existe una lucha constante por ver cuál de los tres cerebros impone su respuesta más rápida a cada cambio que detecte del exterior.

  Cuando llega una información al cerebro trino, si es percibida como una amenaza vital, el más rápido en crear una respuesta es el cerebro reptil, siempre preparado para el ataque o la huida. El mamífero es tres veces más lento en su respuesta. Finalmente, el cerebro cortical es diez veces más lento que el mamífero.

La teoría computacional

Es la más moderna y ha supuesto una gran ayuda para progresar en el conocimiento del funcionamiento del encéfalo. Nació en parte como

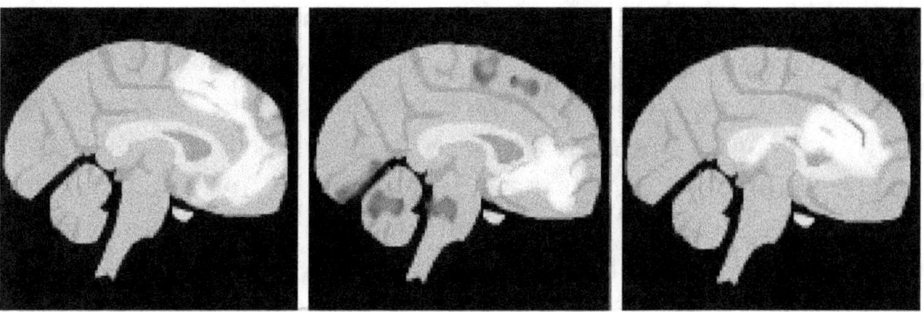

Figura 9. Un único estímulo activa distintas zonas del encéfalo a la vez.

consecuencia de las nuevas técnicas de estudio neurológico, como la tomografía axial computerizada (TAC) por medio de rayos X, la resonancia magnética (RMN) utilizando campos magnéticos, o la tomografía de emisión de positrones (TEP), que utiliza fármacos marcados con emisores beta+ (positrones). Esta última, la TEP, por ejemplo, es capaz de valorar la actividad metabólica y funcional de las neuronas, y ha demostrado que cuando se realiza una determinada función, el cerebro muestra actividad en distintas zonas y en distintos «cerebros» (reptil, mamífero y cortical) al mismo tiempo.

Así, por ejemplo, la música activa la zona de la recepción del sonido en el lóbulo temporal, zonas motoras del lóbulo parietal y distintos núcleos del sistema límbico.

La teoría computacional de la mente, propuesta en 1975 por el filósofo Hilary W. Putnam y el filósofo y psicolingüista Jerry Fodor, parece más cercana a la realidad. Respeta la teoría evolutiva del encéfalo, pero la complementa en cuanto a su funcionamiento y sus conexiones.

Según estos autores, el encéfalo humano es un órgano superespecializado, que se organiza en redes conectadas entre sí. Cualquier fuente de energía capaz de activar alguno de los cinco sentidos, los pensamientos, las creencias, la imaginación, los deseos, etc., inicia estímulos en diferentes receptores para proyectarlos a diferentes zonas y conectarlos entre sí, ya sea en el mismo hemisferio cerebral, mediante las llamadas fibras de asociación, o zonas de distintos hemisferios, mediante tractos comisurales, o también zonas de fuera del cerebro, como la médula espinal, con los tractos de proyección.

Estos tractos y bucles de axones comunican mediante millones de sinapsis a millones de neuronas que «computan» una respuesta.

Según esta teoría, el córtex cerebral humano no cabalga a lomos de un sistema reptil o límbico, más antiguos, ni sirve de punto terminal para una corriente de procesamiento que tenga su origen en dichos sistemas. Los sistemas funcionan en tándem, todos a la vez, integrados por muchas conexiones.

> *La mente se puede definir como el resultado del procesamiento y cómputo de la función de partes especializadas de nuestro encéfalo, conectadas entre sí, que además pueden modificar respuestas aprendidas previamente, mediante el cúmulo de nuevos conocimientos y de inteligencia.*

En la teoría computacional, las funciones y los núcleos neuronales continuarían residiendo en los cerebros evolutivos comentados, pero las interacciones e interconexiones formadas entre ellos serían esenciales para entender la función completa, compleja y globalizada del encéfalo. Para que existan interacciones deben existir complejas conexiones que se complementen entre sí.

Si queremos comprender esta respuesta global debemos acercarnos un poco más a la localización anatómica de los núcleos neuronales, a sus interconexiones y a sus funciones.

El cerebro reptil. Anatomía, funciones y conexiones

Las funciones y los núcleos situados en esta parte más antigua del cerebro, desde un punto de vista evolutivo, continúan siendo los mismos, pero están conectados a otros segmentos del encéfalo.

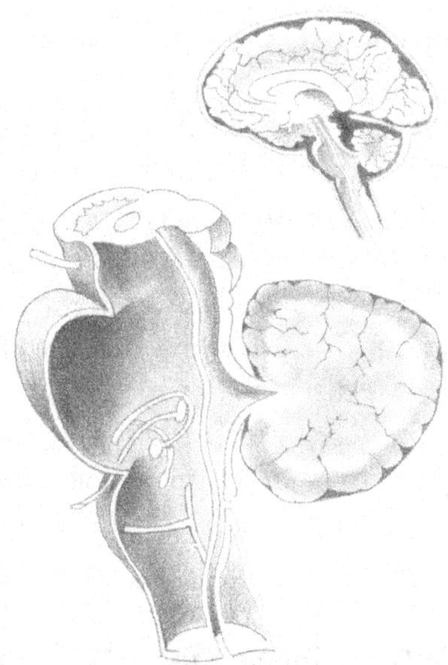

Figura 10. Representación anatómica del «cerebro reptil humano», donde residen funciones importantes: el control de la frecuencia cardíaca y de los pulmones, las funciones digestiva y renal y el equilibrio, entre otras.

Sus núcleos, los relacionados con el equilibrio y con el cerebelo, están conectados con estructuras superiores como el núcleo pálido o los núcleos del hipotálamo y con la corteza cerebral.

El núcleo del nervio vago o X par se sitúa en el tallo del encéfalo y se conecta como la corteza y el sistema límbico, y por el sistema nervioso vegetativo, con los órganos que controla: los pulmones, el corazón, los riñones y el aparato digestivo.

Este cerebro vive constantemente el presente y está poco capacitado para pensar. Desde un punto de vista funcional, y en una interpretación sencilla, la predominio de la actividad de este cerebro en determinadas personas podría explicar el comportamiento de los psicópatas y paranoicos.

Así, los psicópatas tendrían «disfunciones» en las conexiones del cerebro de origen reptil con la corteza cerebral y, por tanto, escasos o ningún sentimiento de culpa por los actos realizados (que residen en la corteza cerebral) en la «defensa» de sus intereses. Su personalidad se basa fundamentalmente en el ataque a los demás.

Los paranoicos estan en el otro extremo de la balanza, desempeñando el papel de «presa», y según su particular interpretación, todo el mundo de su alrededor se atreve a atacarles y dañarles.

Desde el punto de vista del aprendizaje, esta parte del encéfalo la utilizamos poco, aunque recurrimos a ella cuando efectuamos ejercicios de respiración y relajación. Por medio de estos ejercicios podemos acceder al cerebro reptil y, como veremos, mejorar el tipo y la frecuencia de la respiración y de la frecuencia cardíaca, y con ello las emociones, los sentimientos y la salud.

El cerebro mamífero: anatomía, funciones y conexiones

Anatómicamente, en el ser humano el sistema límbico se ubica por encima del cerebro reptil, al que rodea y envuelve (véase la figura 8). Lo componen el bulbo olfatorio, el tálamo, las amígdalas, los cuerpos mamilares, el hipotálamo, el hipocampo, el área septal y la pituitaria.

Tiene también conexiones con el cerebro reptil y con el cortical. Con éste, las conexiones con el lóbulo prefrontal tienen, como veremos, una importancia primordial en la formación de las emociones.

Sus funciones son importantes y variadas: la función endocrina, la memoria, la percepción del placer y el dolor y las emociones.

Veamos la importancia de estas estructuras en cada una de las funciones mencionadas.

El tálamo

Constituye el principal centro de comunicación emocional. Tiene una localización especial, prácticamente equidistante de todos los puntos del cerebro, lo que hace de él una pieza importante de su funcio-

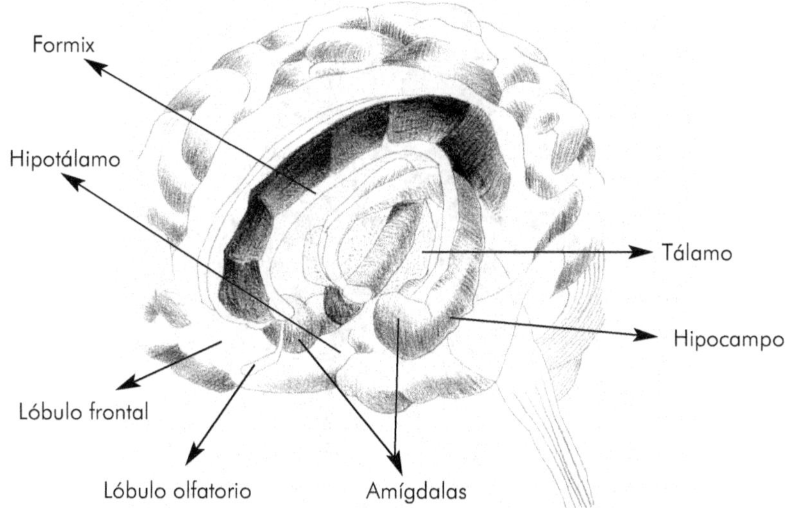

Figura 11. Principales componentes del cerebro mamífero o emocional: lóbulo frontal, tálamo, hipocampo, amígdalas, lóbulo olfatorio y Formix.

namiento. Recibe información de todo cuanto ocurre a nuestro alrededor y tiene conexiones con distintos núcleos del sistema límbico y con la corteza cerebral.

Los estímulos del mundo exterior llegan al tálamo, que actúa como filtro y los envía a distintos centros del sistema límbico, por ejemplo a la amígdala y a la corteza cerebral.

Desde el cerebro la información es devuelta al tálamo, pero en ocasiones, cuando el estímulo ha sido clasificado por la amígdala como potencialmente peligroso, la respuesta ya ha sido dada.

Por ejemplo, si tenemos una rana en una mano, los estímulos sobre textura, temperatura y movimientos llegan al tálamo. Sus conexiones con la amígdala y otros centros del sistema límbico nos permiten conocer todas estas características y decidir si estas señales representan o no un peligro inmediato para nuestra salud, antes que la corteza cerebral confirme que se trata de una rana o, por el contrario, nos asegure que es una peligrosa serpiente.

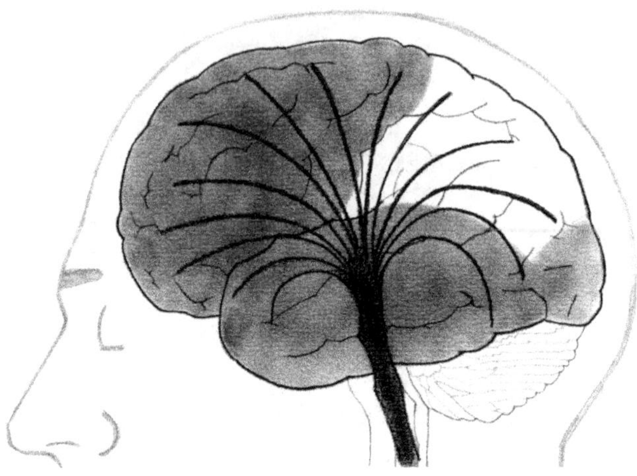

Figura 12. Esquema de la función talámica.

El tálamo también se relaciona con los circuitos neurológicos de la memoria; los estímulos que llegan a él pasan por las estructuras de la memoria y modulan la respuesta de acuerdo con las experiencias previas.

En la función memoria existen varias regiones implicadas y conectadas entre sí:

— El circuito talámico-córtico-cerebeloso, que lo conecta con la corteza y su capacidad cognitiva de idear e imaginar, y con el equilibrio que le confiere el cerebelo, para mantener el equilibrio en determinadas respuestas motoras y evitar peligros.

— Un circuito que une el tálamo, la amígdala y la corteza frontal, relacionado con la memoria emocional por los hechos ocurridos en episodios anteriores. Este circuito permite dar respuesta inmediata a los estímulos que hayan quedado grabados en la memoria, antes de que éstos sean analizados por el lóbulo prefrontal de la corteza cerebral.

— Un circuito integrador que comunica todos los núcleos relacionados con la memoria.

La amígdala

Situada en la región antero-inferior del lóbulo temporal. Actúa como centro automático identificador del peligro.

Se relaciona también con el tálamo, el hipotálamo, el núcleo septal, el circuito de la memoria y el área prefrontal. Integra toda esta información y envía impulsos que van a influir en la respuesta vegetativa o automática y, por sus conexiones, con el lóbulo prefrontal, en los procesos cognitivos, los emotivos y en la toma de decisiones.

Este órgano tiene una extraordinaria importancia. Estudios por neuroimagen (TEP y RMN funcional) han detectado actividad ante una reacción violenta en la amígdala, el hipotálamo anterior y el *septum*, lo que pone de manifiesto la complejidad de las respuestas emocionales y la importancia de este elemento anatómico en ellas.

Hipotálamo

Situado debajo del tálamo, coordina importantes actividades asociadas con el hambre, la sed, la temperatura del cuerpo, el sexo, el placer o el dolor.

Mediante las hormonas liberadoras, el hipotálamo regula la secreción de hormonas del lóbulo anterior de la hipófisis: la del crecimiento (GH), la tiroidea (TSH), la adrenocorticotropa (ACTH), la folículo estimulante (FSH-LH), los estrógenos y los andrógenos. Estas hormonas controlan el crecimiento, el metabolismo, la respuesta sexual, o la respuesta al miedo (que prepara al cuerpo para la lucha o la huida.

En el lóbulo posterior de la hipófisis se regula la secreción de la vasopresina y de la occitocina, que influyen en la presión arterial y en la sensación de bienestar personal.

La sola enumeración de sus funciones: crecimiento, metabolismo, caracteres sexuales, mantenimiento de constantes vitales, respuesta a las agresiones, etc., pone de manifiesto su enorme importancia.

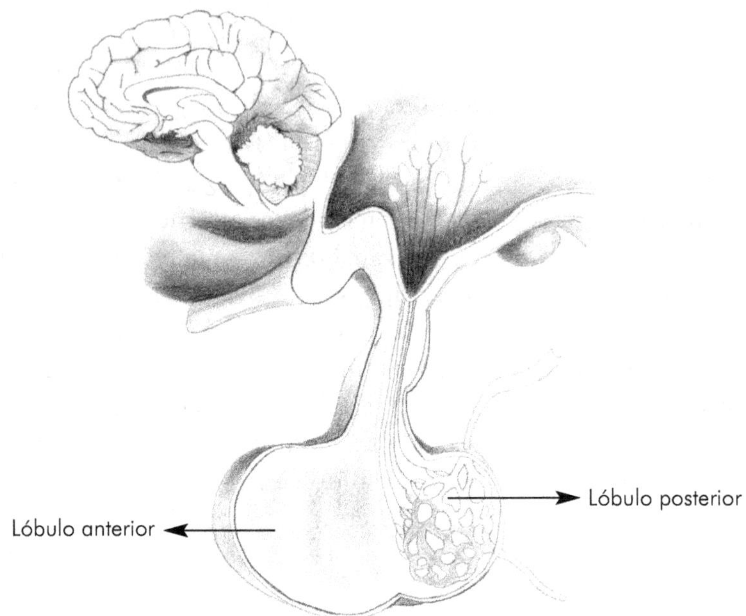

Figura 13. Relación del hipotálamo con las secreciones hormonales de los lóbulos anterior y posterior de la hipófisis.

La vía mesolímbica

Se asocia a actividades relacionadas con el movimiento voluntario y con los mecanismos de recompensa y de placer (véase la figura 14).

Bulbo olfatorio

Conectado con el cerebro reptil, sus funciones se relacionan con el olfato, entre las que cabe mencionar: comprobar la calidad de los alimentos que comemos, detectar determinados peligros asociados con el olor corporal de un elemento que se considera peligroso, e incluso con la atracción sexual, determinada por las feromonas.

Septum

La región septal se encuentra delante del tálamo. En ella confluyen los centros del orgasmo y de sensaciones placenteras relacionadas con experiencias sexuales.

Área prefrontal

Comprende la región no motora del lóbulo frontal. No pertenece propiamente al sistema límbico, pero sus conexiones bidireccionales intensas con el tálamo, la amígdala y otras estructuras subcorticales explican su importante papel en la génesis de las emociones y los estados afectivos.

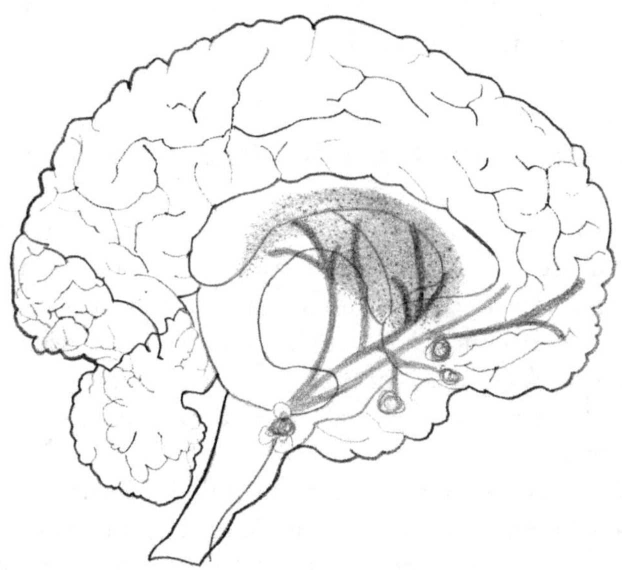

Figura 14. Núcleos y vías dopaminérgicas del sistema límbico, relacionados con los mecanismos de recompensa y placer.

Resumen de las principales funciones del sistema límbico o mamífero

En el cerebro mamífero o sistema límbico se ubican importantísimas funciones:

- Filtra, clasifica y responde a la información sensorial que recibe del mundo exterior.
- Interviene en los procesos de la memoria.
- Interviene en la liberación de hormonas que controlan y participan en el estímulo sexual, el hambre, la sed, el dolor, el crecimiento, el control del metabolismo y la presión arterial.
- Interviene en los mecanismos de recompensa y placer.
- Regula las emociones. El cerebro mamífero es el cerebro emocional por excelencia. Éste es un concepto aceptado en neurociencia, aunque se sabe que el cerebro emocional se extiende más allá del sistema límbico, mantiene conexiones con el lóbulo frontal y es mucho más complejo.

Cerebro cortical: anatomía, funciones y conexiones

Como hemos comentado anteriormente, este «tercer cerebro», siendo el más moderno y diferenciador, asume funciones tan importantes como el habla, el pensamiento, la imaginación, el cálculo, etc.

Lo que más nos interesa en este libro son las interacciones que las distintas partes del encéfalo pueden tener en las emociones y los sentimientos, de manera que destacaremos las funciones que más puedan relacionarse con éstas.

Hemos comentado que los peces y los anfibios apenas tienen corteza cerebral y los reptiles y las aves sólo tienen un rudimento. En el ser humano, sin embargo, la corteza cerebral toma su máxima expresión y su grosor pasa de las tres capas de los reptiles a seis capas, formando una estructura que cubre la superficie de los dos hemisferios cerebrales. Esta estructura está fuertemente «arrugada» para ganar superficie, pues si se extendiese ocuparía unos 2.500 cm², una superficie enorme dado el escaso volumen que ocupa. Contiene unos 100.000 millones de neuronas con cerca de 50 trillones de sinapsis, lo que nos indica de manera indirecta sus enormes posibilidades funcionales.

Actualmente, es posible construir mapas de las funciones de la corteza cerebral basados en metodologías no invasivas, como la TEP. De esta manera, sabemos dónde se localizan las funciones más importantes y cuántas zonas de diferente localización participan en el habla, la imaginación, los pensamientos, el juicio y la toma de decisiones, la percepción de los sentidos de la vista, el oído, la sensibilidad a los cambios de temperatura, al tacto o a la presión, la memoria, el control de los movimientos voluntarios, la percepción de estímulos dolorosos y tantos otros.

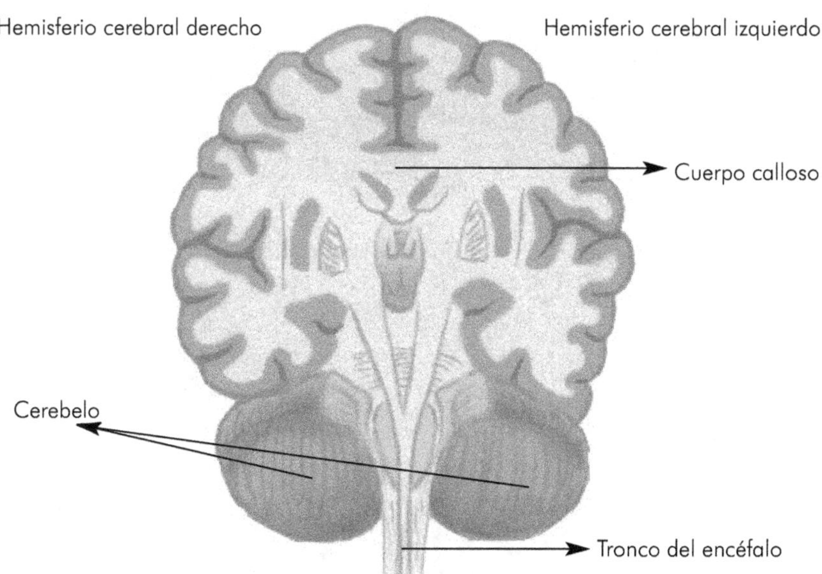

Figura 15. Representación de los dos hemisferios cerebrales, cubiertos por la corteza cerebral y unidos por el cuerpo calloso.

Los hemisferios se dividen por dos cisuras o surcos, central y lateral, en cuatro lóbulos: frontal, temporal, parietal y occipital.

La mayor parte de la corteza cerebral humana no tiene una función sensorial o motora directa, sino que está formada por áreas de asociación, que ponen en comunicación distintas zonas cerebrales participando así en el procesamiento de la información transmitida, mediante:

- *Fibras de asociación.* Conectan circunvoluciones del mismo cerebro.
- *Fibras comisurales.* Conectan distintas áreas cerebrales, en los dos hemisferios, formando el cuerpo calloso.
- *Fibras de proyección.* Transmiten impulsos desde el cerebro a otras zonas del encéfalo, médula, sistema límbico y viceversa.

Veamos dónde residen las principales funciones de cada lóbulo.

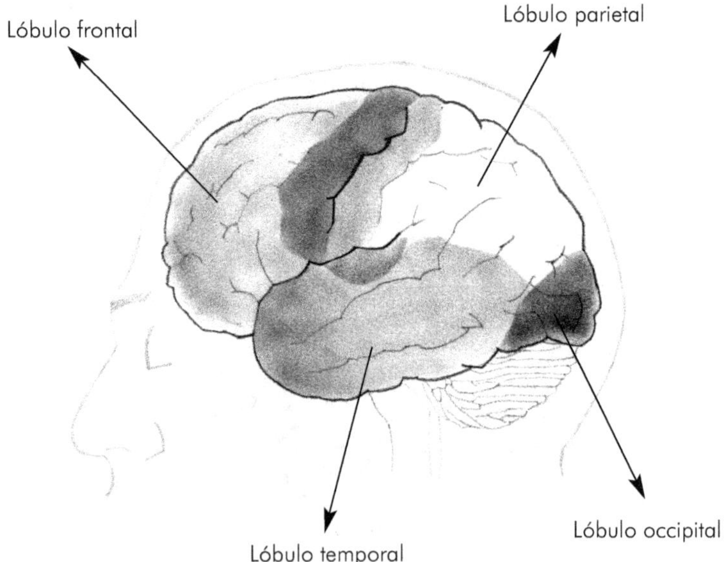

Figura 16. Representación de los lóbulos cerebrales: frontal, temporal, parietal y occipital.

Lóbulo frontal

Es conocido como «órgano de la civilización», por ser sede de facultades importantísimas: el cerebro ejecutivo o de dirección, la regulación de las emociones, de la personalidad, del aprendizaje, de la memoria y de la inteligencia, de soluciones de problemas complejos, de planificar y reordenar el futuro, de las posibilidades de imitación y del control de movimiento y otras.

Veamos las zonas donde residen las funciones más importantes del lóbulo frontal.

Área prefrontal

Comprende toda la región no motora del lóbulo frontal. Está vinculada a la constitución de la personalidad y a la determinación de la iniciativa y del juicio del individuo.

- *El centro del habla o área motora del lenguaje de Broca* (denominada así en honor al médico que la descubrió). Se halla situado en la parte inferior del lóbulo frontal del hemisferio dominante (suele ser el izquierdo), por delante de la región de la corteza motora. Su función es controlar los movimientos de los músculos de los labios, de la lengua y de las cuerdas vocales. Una lesión en esta zona causa una pérdida del habla (afasia), mientras que una lesión en el hemisferio derecho (el no dominante) no provoca este daño.
- *Área motora.* Se encuentra en la parte posterior del lóbulo frontal, a lo largo del surco que lo separa del lóbulo parietal. Controla los movimientos voluntarios contralaterales de las distintas partes del cuerpo. Está conectada y recibe ayuda de la corteza premotora, del tálamo, el cerebelo, los ganglios de la base y la corteza sensitiva. Entre todos regulan el movimiento.
- *Área motora suplementaria.* Se ubica en la circunvolución frontal medial, por delante del lóbulo parietal. La estimulación de

esta zona facilita los movimientos de las extremidades contralaterales, pero es necesario un estímulo más fuerte que el que precisa la zona primaria. La eliminación de esta zona no produce una pérdida permanente del movimiento.

— *Las neuronas espejo.* Se localizan en la corteza frontal inferior. Descritas por el neuropsicólogo italiano Giacomo Rizzoleti, se activan cuando miramos a una persona o un animal que desarrolla determinada actividad, lo cual, a su vez, facilita ejecutar la misma actividad que se está observando en el otro.

Esta capacidad de imitar es la base de la cultura humana. Podemos aprender mucho más de lo que aprendemos a través de ello, por lo que algunos científicos consideran a las neuronas en espejo uno de los descubrimientos más importantes en el campo del aprendizaje.

El psicólogo Daniel Goleman afirma que estas neuronas detectan, además, emociones y activan las mismas áreas del cerebro de nuestro interlocutor, creando un cortejo emocional similar (llorar, reír, etc.), por lo que se las llama neuronas de la empatía. Esto explica, por ejemplo, por qué cuando estamos rodeados de gente que ríe, no importa la causa, nuestra tendencia natural es reír; en el pasado, las plañideras tenían como función extender su pena y su llanto por el difunto a todos los participantes en la ceremonia del entierro.

Las neuronas en espejo tienen, además, la capacidad de proporcionar un mecanismo para comprender la acción que van a realizar las personas y aprender por imitación el comportamiento de los demás.

Lóbulo parietal

En él se localiza la corteza sensitiva, es decir, la que nos permite percibir las sensaciones térmicas, dolorosas, táctiles y de presión de nuestro cuerpo. Está situada detrás del área motora del lóbulo frontal.

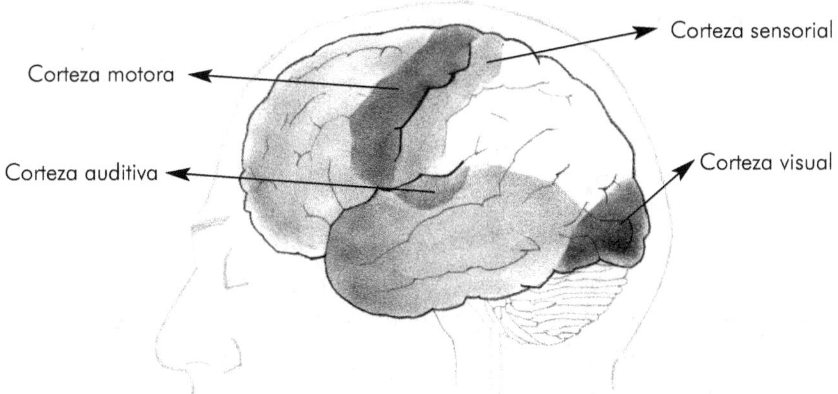

Figura 17. Localización de algunas de las distintas funciones
de la corteza cerebral.

Lóbulo temporal

En el lóbulo temporal se encuentran:

- *La corteza auditiva.* En ella se hace consciente la palabra y la música. Ambas con un potencial extraordinario de aprendizaje.

  La música es, como la palabra, un lenguaje para el cerebro, capaz de activar áreas de neuronas motoras y de facilitar movimientos, como ocurre con el baile. Conecta además con áreas emocionales activando todo tipo de emociones.
- *El área sensitiva del lenguaje de Wernike.* Se halla situada al lado de la corteza auditiva. Permite entender y comprender el significado del lenguaje hablado y la escritura; su lesión se traduce en la imposibilidad de entender el significado de los mismos.

Lóbulo occipital

La corteza visual ocupa el lóbulo occipital, donde se hacen conscientes las imágenes que captan los ojos en la retina, que son conducidas por complicadas vías nerviosas hasta esta parte de cerebro. Su lesión produce ceguera, incluso con una función totalmente correcta de ambos ojos.

Hemisferios cerebrales

Cada hemisferio cerebral ejerce las funciones que hemos visto detalladas en la descripción de los lóbulos correspondientes. Se cree que ambos tienen funciones idénticas en el recién nacido. Durante la primera infancia se inicia el dominio de un hemisferio sobre el otro y sólo después de la primera década de vida la dominancia queda establecida.

Los dos hemisferios están conectados por *el cuerpo calloso,* que los balancea y equilibra.

Además de las comentadas, cada hemisferio se especializa en funciones concretas. Veámoslas:

— *Hemisferio izquierdo.* Suele ser el hemisferio dominante. Es el de la razón y la lógica, el que permite realizar el análisis y la síntesis de determinados problemas. Es el matemático y el que utilizan más los científicos.

Desde un punto de vista figurado, se le denomina «masculino», si se acepta que los hombres tienen más este perfil que las mujeres.

— *Hemisferio derecho.* Procesa las novedades aprendidas para pasarlas al hemisferio izquierdo una vez memorizadas (rutina cognitiva).

Trata la información de manera diferente al izquierdo, es más imaginativo y creativo. Permite «ver» más la globalidad que las partes que la componen. Es más emocional. Mejora la visualización y la comunicación no verbal, las relaciones espaciales, el reconocimiento de rostros y la capacidad musical.

Mediante técnicas que permiten el estudio funcional, como la tomografía de emisión de positrones (TEP), se han detectado áreas en este hemisferio, por ejemplo el sistema motor asociado (SMA), que mediante ejercicios de visualización facilitan el movimiento. De esta manera y mediante la imaginación, es posible practicar ejercicios que facilitan después su puesta real en escena. Muchos deportistas utilizan estas técnicas en el golf, fútbol, baloncesto, tenis, etc.

Por todo ello, se considera que el hemisferio derecho es el de los creativos, los artistas, los deportistas, y también el «femenino», si se acepta que las mujeres son más imaginativas.

Lo ideal no es el predominio de un hemisferio sobre otro, sino el equilibrio entre las posibilidades de aprendizaje que ofrecen ambos, huyendo de la «lateralidad», que generaría el desequilibrio a favor de uno u otro hemisferio. La tabla 2 resume las principales funciones de ambos hemisferios.

Las personas que tienen predominio del cerebro izquierdo son más lógicas y razonables, se informan antes de actuar. Aquellas en las que predomina el hemisferio derecho son fundamentalmente emocionales e intuitivas. Suelen sacar conclusiones por lo que sienten, no por lo que piensan. Mediante la activación del hemisferio derecho, podemos ima-

Hemisferio izquierdo (masculino-padre)	Hemisferio derecho (femenino-madre)

– Hemisferio dominante
– Habla
– Intelectual
– Analítico
– Información
– Racionamiento lógico
– Síntesis
– Descomposición del todo
  en partes
– Matemático
– Calculador
– Sedentario
– Científico
	– Emocional (miedos, culpas, etc.)
	– Intuitivo
	– Creativo
	– Fluido
	– Espontáneo
	– Imaginativo (sistema motor
	  asociado)
	– Imágenes
	– Comprender el lenguaje
	  no verbal
	– Comprender metáforas
	– Talento artístico
	– Ve globalidades

Tabla 2. Principales funciones de los hemisferios cerebrales.

ginar y visualizar cualquier estado, creando condiciones que después pueden pasar al izquierdo y verbalizarse.

En general, las sociedades occidentales han dado más valor educacional al hemisferio izquierdo, ya que estimula la lógica y la razón, y han obviado la parte imaginativa y creativa del derecho. Lo ideal es equilibrar las funciones de ambos hemisferios.

Las modernas técnicas de estudio del cerebro, como la tomografía de emisión de positrones, que permite calcular el tiempo de reacción de distintas partes del cerebro en fracciones de milisegundos, han mostrado cómo, en ocasiones, este órgano actúa de forma distinta en los hombres y en las mujeres, por ejemplo al apreciar imágenes de belleza. Si se proyectan distintas imágenes de pinturas famosas por su belleza, ya sea de paisajes o personas, los hombres y las mujeres las computan de manera diferente. Mientras que ellas activan los dos hemisferios cerebrales, los varones sólo activan el hemisferio derecho.

Las interpretaciones de este hecho son variadas. Quizá se deba a que hace miles de años las actividades de hombres y mujeres eran muy distintas. Mientras el hombre actuaba como cazador, la mujer recolectaba y educaba. Los hombres habrían desarrollado estrategias de orientación, basadas en conceptos como la distancia y la orientación respecto a los puntos cardinales, intentando imaginar qué haría la pieza que trataban de cazar. Las mujeres se fijarían en la posición relativa de las cosas y precisarían de la acción de ambos hemisferios.

Resumen de las principales funciones de la corteza cerebral

Cada función abre un vasto potencial de posibilidades de aprendizaje, no demasiado utilizadas en la actualidad, por ejemplo la visualización. A modo de resumen, veamos las más importantes:

- Lóbulo frontal
    - Control de algunas emociones.
    - Regulación de los mecanismos de recompensa.

- Valoración de problemas complejos.
- Posibilidad de hablar.
- Capacidad de imitar y comprender a los demás.
- Habilidades motoras y movimientos voluntarios del cuerpo.

- Lóbulo parietal
  - Valoración de las sensibilidades táctiles, de temperatura, presión y dolor.

- Lóbulo temporal
  - Audición.
  - Comprensión del significado del lenguaje hablado.

- Lóbulo occipital
  - Percepción de imágenes.

- Hemisferios cerebrales
  - Analizar.
  - Sintetizar.
  - Relacionar.
  - Razonar.
  - Calcular.
  - Intuir.
  - Imaginar.
  - Visualizar.
  - Anticipar.

La formación de las conexiones interencefálicas. La genética o el ambiente *versus* la genética y el ambiente

Todos los encéfalos del mundo, aun proviniendo de las mismas fuentes evolutivas, son distintos. Son muchos los factores que intervienen en esta diferenciación, pero sin duda los más importantes son la genética y el ambiente, entendido éste como las interacciones del encéfalo con el mundo que nos rodea, sobre todo en los primeros años de nuestra vida, que es cuando se producen en él los cambios más notables.

Desde que el bioquímico y genetista James Watson y físico, biólogo molecular y neurocientífico Francis Crick, en 1950, describieron el ácido-desoxirribo-nucleico (ADN), hemos ido aprendiendo que la información sobre nuestro cerebro y sobre nuestro cuerpo se encuentra escrita en los 46 cromosomas contenidos en el núcleo de cada célula.

Estos 46 cromosomas escriben nuestro libro de ADN en forma de pares de bases, entre adenina-guanina-citosina-timina-uracilo. Determinadas partes del ADN conforman genes, capaces de producir proteínas específicas para cada persona.

Nos queda todavía por descubrir la piedra de Rosetta que nos permita leer toda la información escondida en el ADN humano, compuesto por 3.000.000.000 de pares de letras, y saber cuántos de los genes se manifiestan y cuántos son silentes, y qué parte de lo que se pensaba que era ADN no útil o desechable tiene actividades epigenéticas que facilitan o se oponen a la función de determinados genes. Todo un mundo por descubrir, al que nos vamos acercando poco a poco.

No obstante, la secuenciación del genoma humano y de algunos animales ya son una realidad. Esto permite comparar genomas de individuos sanos y de individuos con determinadas enfermedades, y en un próximo futuro, incidir sobre ellas.

También nos permite seguir el rastro de la evolución de las especies, no ya darwiniana, fenotípica o de formas, sino genotípica o de fragmentos de ADN, que encontramos en otras especies menos evolucionadas, y con las que en el pasado compartimos algo más que genes.

Probablemente, sólo es cuestión de tiempo (poco, considerando el total evolutivo) que podamos «leer» todos los saltos filogenéticos realizados por la especie humana y encontrar «el eslabón perdido».

Sea como fuere, nuestra genética es esencial en toda nuestra vida, así como en la anatomía, las funciones y las conexiones de nuestro encéfalo. Mentes complejas precisan dotaciones genéticas complejas, en

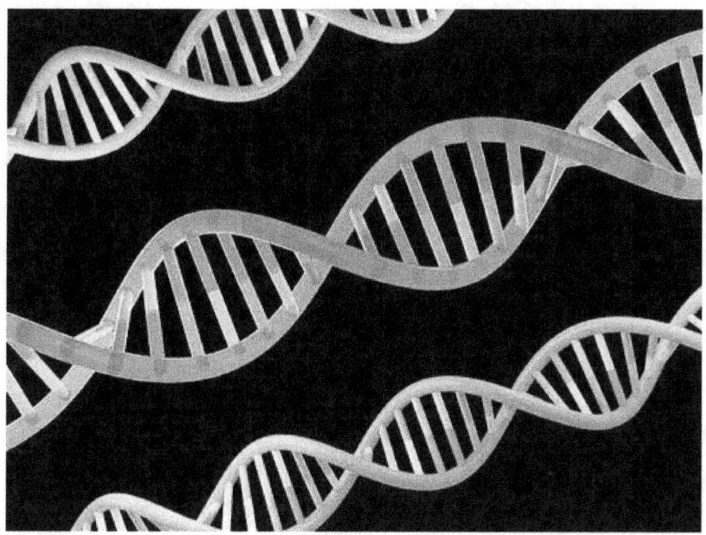

Figura 18. En el genoma del *Homo sapiens* se encuentra escrito todo
su potencial teórico.

las que los genes cooperan de manera todavía desconocida, pero que
condicionan las conexiones interneuronales, propias de cada cerebro...

El potencial del ADN no asegura su total desarrollo, pues éste depende también de los estímulos del ambiente, del medio externo y
cultural en el que se desarrolla la persona.

El ejemplo de la Achillea

La interacción entre genética y ambiente se comprende mejor con un
sencillo y clásico experimento realizado en genética botánica. Se recogen varios especímenes de la planta *Achillea* y se corta cada uno en
tres partes. Posteriormente, cada parte se planta en condiciones diferentes en cuanto a nutrientes y altitud, sea ésta baja, mediana o alta.

Los resultados muestran que, en conjunto, cada parte de la *Achillea* plantada en condiciones ambientales distintas presenta un creci-

miento desigual. Esto confirma que una dotación genética determinada no asegura en absoluto un resultado concreto final, ni tampoco que desarrolle todo el potencial. Sólo asegura que este potencial puede lograrse si se cumplen determinadas condiciones.

Los resultados no dependen de la genética o del ambiente, sino de la evolución conjunta de ambos. La unión de la genética, el entorno y los conocimientos que se van adquiriendo, se integran en un gran puzle computacional, consecuencia de las conexiones que se crean entre las neuronas y que ofrecen respuestas personalizadas.

La importancia de nuestra infancia

Como resultado de esta remodelación sináptica diaria, todo cambia continuamente, en especial durante los primeros años de vida, en los que el peso y el volumen del encéfalo se duplican.

Tenemos ejemplos en casos extremos, uno de ellos son las «niñas salvajes» Bamala y Kamala (fallecidas en 1921 y 1929, a los 4 y 15 años de edad, respectivamente). Estas dos niñas encontradas en la selva, donde habían permanecido durante años por circunstancias desconocidas, habían sido «educadas» durante sus primeros años de vida por lobos, sin compañía humana. Sus respuestas emocionales y sus acciones eran parecidas a las de estos animales: se quitaban las ropas que les ponían porque les molestaban, dormían una encima de la otra, comían con y como los animales, les costaba permanecer de pie, aullaban y se defendían mostrando sus dientes.

En estos casos, la genética humana no ha sido raptada por los lobos, pero la maduración del encéfalo ha sido consecuencia de la educación recibida de los animales que las protegieron y sus respuestas estarán siempre marcadas por estos hechos.

Otro ejemplo es el caso de Jenny, una niña de California que, por motivos inconfesables, fue raptada por sus familiares, de los que recibía malos tratos, mala alimentación y nulos estímulos y relaciones humanas. Fue encontrada cuando tenía 4 años, y a pesar de recibir cuidados específicos y estimulación intensa por parte de unos padres adoptivos y de un equipo de psicólogos, durante su infancia y adolescencia nunca pronunció más allá de cincuenta palabras, y no fue capaz de adaptarse bien a la vida adulta.

En el polo opuesto estarían los niños que, desde su nacimiento, han tenido personas a su alrededor que se han preocupado de ellos, que han estudiado sus tendencias naturales en cuanto a capacidades intelectuales más desarrolladas y potenciadas. Niños que se transforman en superdotados, y son capaces de dar conciertos de piano a los cinco años.

El cuidado de los niños no es una ciencia exacta, depende de lo que cada uno puede tolerar. Lo importante es que no tenga miedo ni se le genere estrés en cantidades que no pueda gestionar.

Es esencial su cuidado antes de que empiecen a hablar. En este tiempo es importante todo lo que les genere placer, mimos, susurros, canciones, besos, estímulos táctiles, cuidados… Todo lo que les evite sentirse desprotegidos y desvalidos. Los bebés con vínculos afectivos seguros tienen mejores resultados en la escuela y en la vida.

El escritor italiano Paolo Giordano llega a similares conclusiones por otras vías. Comenta que: «La infancia nos marca como si fuera un agujero negro, en torno al cual gravita toda nuestra personalidad».

Somos lo que hemos vivido, especialmente en la infancia, que nos marca en cuestiones tan importantes como la seguridad, los miedos, la confianza, nuestras emociones, y un largo etcétera.

El concepto de plasticidad

El encéfalo es un órgano superespecializado, formado por la interacción de la genética y el ambiente, dotado de células neuronales que no pueden cambiar su función cuando se han desarrollado, pero que están conectadas en redes.

Estas redes son las responsables de su funcionamiento y de su comportamiento, y si bien como neurona no puede cambiar, sí puede hacerlo el conjunto de conexiones y sinapsis (véase la figura 19).

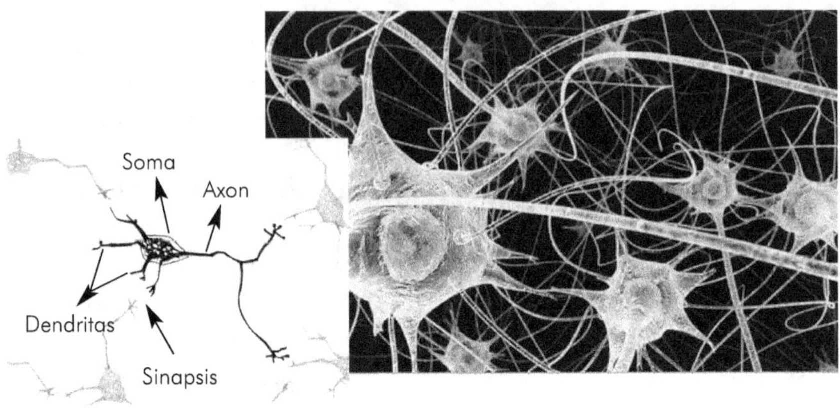

Figura 19. Las neuronas pueden «remodelar» los trillones de *sinapsis* con las que se relacionan por medio de la plasticidad.

Por plasticidad entendemos la continua remodelación anatómica y funcional, que experimentan las sinapsis neuronales desde el nacimiento hasta la defunción del individuo.

La plasticidad es la que explica que si, por ejemplo, se daña un grupo de neuronas que intervienen en el habla, gracias a las conexiones infrautilizadas que existen y a las nuevas sinapsis que se crean, en ocasiones, se puede mantener en mayor o menor medida esta función.

No nacemos con todo nuestro sistema gris, ni con todas sus conexiones ya formadas sino que, principalmente las sinapsis, se incrementan o se empobrecen continuamente si se producen los estímulos adecuados o si se carece de ellos.

Resumen y consecuencias

Estos temas anatómicos y funcionales que hemos comentado nos ayudan a sentar las bases para un aprendizaje más racional de las distintas inteligencias.

Veamos cómo nos ayudan a incrementar, concretamente, nuestra inteligencia emocional.

Capítulo 4
Las emociones y los sentimientos. Funciones, formación y posibles consecuencias

Nadie puede estudiar las emociones sin ver en ellas la fuente de gran parte de las tragedias del ser humano.

Hemos recorrido un largo camino en busca del origen y la evolución anatómica y funcional de nuestro encéfalo. Ello hará ahora más fácil la comprensión de las funciones y las consecuencias de las emociones y los sentimientos, como paso previo a los fundamentos para lograr una mayor inteligencia emocional. Empecemos por su definición.

Qué entendemos por emociones y sentimientos

A las emociones podemos definirlas como agitaciones o estados de ánimo producidos por ideas, recuerdos, apetitos, deseos, sentimientos, pasiones...

Hay más de cien definiciones distintas de emoción, lo que demuestra que también en esto es difícil ponernos de acuerdo. Veamos algunas. Las emociones son:

- Impulsos irracionales.
- Adaptaciones a los cambios externos o internos.
- Consecuencias de ideas mantenidas, que se ejecutan en determinado momento.

- Se representan en el teatro del cuerpo, mientras que los sentimientos lo hacen en el teatro de la mente.
- Estados de ánimo que nos hacen reaccionar de manera pública y notoria. Los sentimientos, en cambio, son privados.
- Impresiones de los sentidos, ideas o recuerdos que preceden a los sentimientos y, por lo general, aunque no necesariamente, son la base de los mismos.
- Reacciones diseñadas para ayudarnos a superar determinados cambios externos, que pueden afectar a nuestra integridad.

Otra definición es su propia descripción etimológica. Emoción significa «impulso que lleva a la acción».

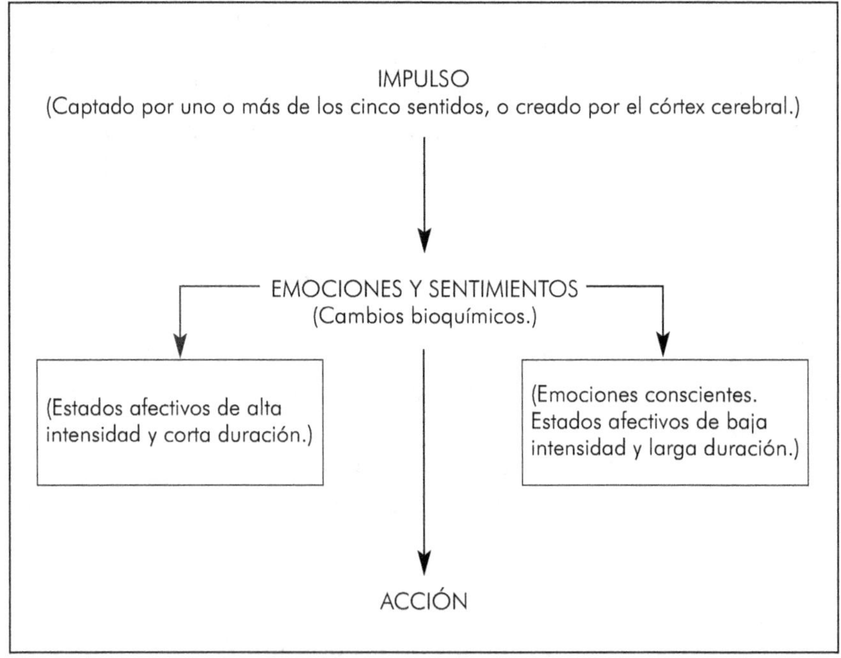

Figura 20. Determinados impulsos conllevan cambios en nuestro cerebro que producen emociones y éstas, a su vez, acciones.

Los sentimientos, en cambio, son producto de la observación por parte de la mente de los cambios generados por las emociones.

Los impulsos que se transformen en emociones y en acciones pueden ser consecuencia de estímulos externos (ruidos, luces, sonidos, tactos, presiones…), e igual sucede con las ideas y los pensamientos (véase la figura 20).

Los pensamientos y las ideas son un factor clave para nuestras emociones, actúan más y durante más tiempo que los estímulos externos.

Las emociones, además de generar acciones, pueden también crear sentimientos, cuando éstas se hacen conscientes y se interpretan de determinada manera. Podemos definir los sentimientos como estados afectivos de baja intensidad y larga duración. Por lo tanto, son estados de ánimo más estables y duraderos que las emociones que los han generado, que se caracterizan por una mayor intensidad y menor duración.

A partir de estas definiciones, podemos valorar la importancia de las emociones y los sentimientos, que nos acompañan durante toda nuestra vida, pues continuamente recibimos estímulos externos (aunque no todos sean captados por los sentidos), y también continuamente podemos utilizar nuestra capacidad intelectual para recordar, pensar o imaginar determinados episodios que generan sentimientos y tendencias emocionales. Incluso cuando dormimos, algunos sueños, al recordarlos, condicionan nuestras emociones y nuestros sentimientos.

Tipos de emociones y sentimientos

Es imposible describir y clasificar todas las emociones. Muchas de ellas se denominan con palabras que no existen en todos los idiomas. Otras precisan hasta veinte palabras o más para definir la misma emoción, con variantes; por ejemplo, el miedo: pavor, susto, temor, terror, fobia, aprensión, canguelo, tembleque, pasmo…

Las emociones universales

Todas las personas de todas las culturas (incluso las invidentes o sordomudas, que no han visto u oído cómo se manifiestan las emociones en los demás) comparten emociones básicas que podríamos denominar universales, pues se expresan y pueden interpretarse por una expresión facial y corporal casi idéntica. El psicólogo estadounidense Paúl Ekman cita seis emociones universales: el miedo, la alegría, la sorpresa, la ira, el asco o aversión y la tristeza:

- El *miedo* en una persona se manifiesta en su cara: por sus ojos fijos y escrutadores en la causa que desencadena el miedo; los músculos tensos y preparados para una respuesta de huida o ataque; la boca entreabierta mostrando los dientes, respiración frecuente e intensa, sudoración, manos temblorosas y pelos erizados, entre otros signos.

- La *alegría* manifiesta diversión, euforia, sensación de bienestar y de seguridad. Se aprecia por distintos signos: una cara relajada, boca sonriente con la comisura de los labios elevada, mirada dulce, faz amistosa, brazos abiertos y caídos a lo largo del cuerpo, manos entreabiertas, gesticulación reposada...

- La *sorpresa* nos indica asombro, desconcierto. Muestra diferentes signos: los ojos más abiertos de lo habitual y fijos en el objeto causante de la emoción, las cejas arqueadas, la frente fruncida, la boca entreabierta, la actitud observadora o expectante, etc.

- La *tristeza* muestra pena, soledad, pesimismo. Se adivina por una mirada perdida, con tendencia a fijarse en el suelo, la boca con rictus invertido o hacia el suelo, la cabeza inclinada y sometida, el cuerpo flácido y sin tono, el habla escasa y lenta, el tono apagado...

- La *ira* manifiesta rabia, enfado, resentimiento o furia. Nos induce a la destrucción del objeto causante, para lo que nos da una fuerza momentánea desmedida. La persona nos muestra una actitud belicosa, unos ojos muy abiertos y fuera de sí, entrecejo fruncido, cara contracturada mostrando los dientes en actitud de lucha, mandíbulas apretadas, cuerpo tenso y amenazante, brazos levantados y con movimientos rápidos y en todas direcciones, dedos separados mostrando las uñas, etc.

- El *asco* manifiesta disgusto y rechazo. Se aprecia por la tendencia de la cara a alejarse del objeto o la persona causante de la emoción hacia atrás o a los lados, la nariz elevada y en busca de determinados olores desagradables, mueca de desagrado, boca entreabierta mostrando los dientes, las manos en actitud de separación o rechazo, con las palmas hacia el objeto o la persona.

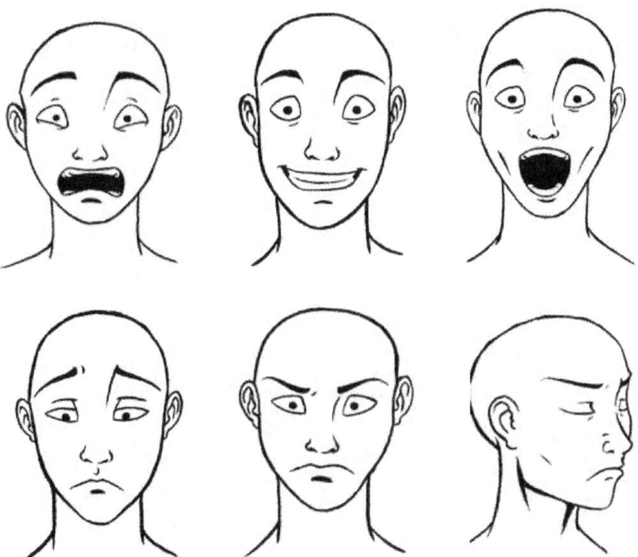

Figura 21. Representación gráfica de seis emociones universales: miedo, alegría, sorpresa, tristeza, ira y asco.

Otras emociones y sentimientos

Además de estas emociones universales, existen una infinidad de sentimientos y emociones, que Paúl Ekman cifra en más de tres mil.

Cada persona reacciona de forma distinta a un mismo estímulo emocional. Si le parece que el cambio detectado puede beneficiarle, experimenta una emoción positiva, que la hace acercarse a la fuente del estímulo mostrando sentimientos de alegría, amor, paz, ternura, etc. En caso contrario, la emoción es etiquetada como negativa y nos alejamos o luchamos contra ella, reaccionando con ansiedad, odio, rabia, ira o miedo. Los seres humanos cuentan con el mecanismo de la emoción para orientarse en determinada situación o cambio.

Emociones positivas	Emociones negativas
– Felicidad	– Miedo
– Paz	– Ansiedad
– Compasión	– Angustia
– Gratitud	– Desesperación
– Ternura	– Estrés
– Admiración	– Depresión
– Caridad	– Odio
– Empatía	– Ira
– Bondad	– Envidia
– Amor	– Rencor
– Placer	– Rabia
– Fe	– Culpa
– Esperanza	– Vergüenza
– Resilencia	– Resentimiento
– Bienestar	– Tristeza
– Alegría	– Asco
– Fortaleza	– Celos
– Amistad	– Soledad
– Altruismo	– Pesimismo
– Estima	– Decepción
– Afinidad	– Egoísmo
– Satisfacción	– Indignación
	– Duelo

Tabla 3. Relación de emociones y sentimientos.

¿Qué finalidad tienen las emociones y los sentimientos?

Las emociones, básicamente, detectan los cambios que se producen, a los que dan respuesta mediante una lectura de «primera impresión». De hecho, las emociones y los sentimientos buscan superar los cambios detectados, e intentan preservar nuestra integridad y facilitar nuestra adaptación al medio que nos rodea o que ha producido estos cambios.

Si tomamos ejemplo de las emociones universales, éstas tienen la siguiente finalidad:

- *El miedo* anticipa y nos avisa de algo que puede ser un peligro o una amenaza para nosotros.
- *La alegría* se produce como consecuencia de detectar algo que nos favorece o beneficia, algo que nos gusta o queremos.
- *La sorpresa* nos ayuda a orientarnos y tomar partido en uno u otro sentido, ante una determinada situación que no esperábamos.
- *La tristeza* nos indica un estado de ánimo negativo, pero puede motivarnos hacia la búsqueda de un nuevo estado que la mitigue o la supere.
- *La ira* nos da una agresividad y una fuerza momentánea desmedida que puede permitirnos salir de muchas situaciones embarazosas.
- *El asco* detecta disgusto o rechazo por determinadas situaciones o personas. Nos defiende de algo que puede molestarnos, enfermarnos o agredirnos.

*Cada emoción aparece y tiene como finalidad
la valoración del estado que la produce, e intenta nuestra
adaptación y superación del mismo.
A los sentimientos les ocurre lo mismo, pero con una
intensidad menor y una mayor duración.*

Cómo se forman las emociones y los sentimientos. El «golpe de estado emocional»

Muchas de nuestras respuestas las damos de manera automática y después nos arrepentimos de haber actuado de forma demasiado impulsiva y precipitada, de habernos dejado llevar por las emociones.

Todo parece indicar que estas respuestas se deben al tipo de conexiones y sinapsis que se establecen entre el cerebro emocional y el cortical, principalmente. Recordemos estas conexiones:

- *El tálamo.* Actúa como un filtro que integra todos los estímulos sensoriales que recibimos a través de nuestros cinco sentidos, y los envía, entre otros destinos, a la amígdala y al lóbulo frontal.
- *La amígdala.* Tiene conexiones con el hipocampo, que une la amígdala con el tálamo y la corteza frontal.

Se ha demostrado, mediante tomografía de emisión de positrones y por resonancia magnética funcional, que la amígdala contacta también con el hipotálamo anterior y el *septum.* Estas conexiones permiten el llamado «atajo emocional», por el que es posible dar una respuesta emocional más rápida antes de que la información llegue al cerebro. En muchas ocasiones, cuando desde el lóbulo frontal del cerebro la información le es devuelta al tálamo y a la amígdala, ésta ya ha clasificado el estímulo como potencialmente peligroso y la respuesta ya ha sido dada.

Además, la amígdala y sus conexiones con el hipocampo actúan como un «centro de memoria emocional», por medio del circuito tálamo-amígdala-corteza frontal, de manera que si se produce un hecho similar, que ya se haya interpretado anteriormente como vital, se desencadenan respuestas antes de que el cerebro cortical mande sus órdenes. Cuanto más intensa es la sensación de peligro, más profundo es el recuerdo grabado en la memoria y más rápida la respuesta de la amígdala.

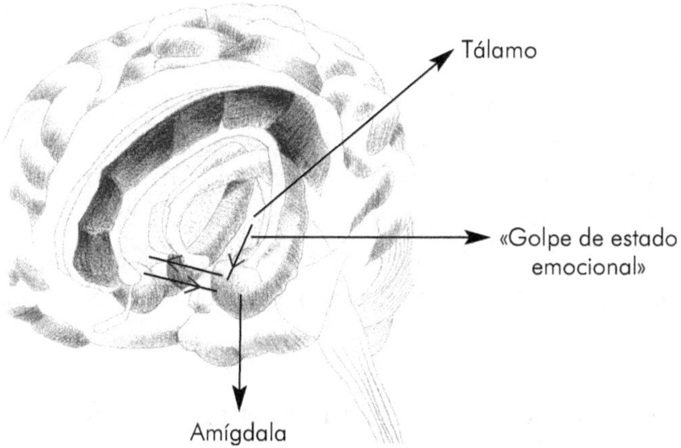

Figura 22. Estructura que permite el «golpe de estado emocional». La respuesta de la amígdala se produce antes de que el neocórtex conozca el motivo que la causa.

El tratamiento de la información que se interpreta como peligrosa para nuestra existencia no se hace de arriba abajo, o sea, desde la corteza hacia la amígdala, sino de abajo arriba, desde la amígdala, el sistema límbico y sus conexiones, que dan una respuesta más rápida, sin que «la razón» del córtex pueda modificarla.

Estas conexiones sinápticas pueden avisarnos de peligros potenciales y avanzarnos a la respuesta elaborada de la corteza cerebral, pero también pueden ayudarnos a responder de manera «emocional» e inconveniente ante muchos peligros potenciales que no se cumplen en su mayoría.

El hecho de que se produzca con más o menos frecuencia este «golpe de estado emocional» depende de lo que se denomina «ventana de tolerancia». No todas las personas interpretan de igual manera los estímulos estresantes que nos llegan, ya sea a través de la corteza cerebral o del tálamo. Unas lo hacen de forma meditada, tranquila responsable, mediada por el lóbulo frontal. Éstas son personas que poseen una «tolerancia amplia a los estímulos».

Otras personas reaccionan de manera violenta, con odio, ira o miedo, ante iguales o similares estímulos. Son las que poseen una ventana de «tolerancia estrecha a los estímulos». En este caso, los circuitos que vinculan los procesos corticales con la amígdala están funcionalmente bloqueados e imposibilitan el pensamiento racional. El «modo superior» de pensamiento integrado ha sido suplantado por un «modo inferior». En estas condiciones la respuesta emocional deja de ser adaptativa y flexible y se transforma en problemática, emocional o aflictiva.

Importancia de las conexiones entre la amígdala y el lóbulo frontal

Frente a cualquier estímulo procedente de la corteza cerebral o del tálamo considerado amenazante por la amígdala, nos guste o no, ésta responde antes que el cerebro cortical, disparando las hormonas para la lucha o la huida. En cambio, cuando el sistema emocional tálamo-amigdalar interpreta los estímulos que captan nuestros sentidos como normales o no peligrosos, prevalece la respuesta de la corteza cerebral.

No todas las personas reaccionan de la misma manera ante un estímulo idéntico, pues la respuesta emocional de cada cual depende, entre otras cuestiones, de su dotación genética y de las conexiones sinápticas que se hayan ido formando con el tiempo, especialmente en sus primeros años de vida. En este período inicial, se crean conexiones que vinculan la activación mediante los sistemas de proyección del tronco cerebral hasta el control de la memoria, mediante interacciones córtico-límbicas recurrentes.

El que interpretemos la mayor parte de estímulos como peligrosos o no, depende fundamentalmente del proceso de «maduración» de nuestro sistema emocional y de nuestra tolerancia, amplia o estrecha a los estímulos.

Una educación acompañada constantemente de miedos, estrés, gritos, castigos, amenazas, daños, peligros, etc., incrementa el volumen y la función de los centros y las conexiones relacionados con estos estímulos.

También facilitan la respuesta «límbica» y con ella el estallido emocional, el cansancio, las situaciones de estrés, los estados de lucha, el deporte, las drogas, y todo cuanto pone «a cien» a nuestro corazón. En estas situaciones es más fácil que se produzca «un golpe de estado emocional» y aparezcan respuestas que no serían las habituales en condiciones normales.

Los actuales estudios de neuroimagen confirman que los cerebros con inestabilidad emocional e impulsivos muestran una hiperactividad de la amígdala y sus funciones, que la respuesta de ésta se anticipa a la respuesta del área prefrontal y que el estrés incrementa esta respuesta.

Por el contrario, una educación en un medio en el que prevalezcan las atenciones, los mimos, el cuidado, la alimentación, los estímulos, el calor, el amor... hará crecer un ser humano menos miedoso, más razonable y con respuestas emocionales más equilibradas.

Por ello, en las primeras fases del desarrollo de un bebé, toda la familia debe prestar la máxima atención: padres, hermanos, abuelos, tíos, pero también los cuidadores y los educadores. En ese tiempo, el sistema emocional sufre un importante ajuste del que dependerá en buena parte la armonía emocional, e incluso el equilibrio físico y psicológico del futuro adulto.

La importancia de las conexiones entre la amígdala y el córtex se confirma por los resultados manifestados en personas que, por un motivo u otro, han sufrido episodios traumáticos durante su educación.

Es el caso antes comentado de las «niñas salvajes», Bamala y Kamala. Estas niñas fueron educadas por lobos en sus dos primeros años de vida, y esta educación influyó tanto en ellas que, a pesar de los esfuerzos posteriores por integrarlas plenamente en una comunidad de humanos, nunca alcanzaron una normalidad emocional.

Las lobotomías como ejemplo

Por lobotomías entendemos la separación, quirúrgica o accidental, de las conexiones axonales y sinápticas entre el lóbulo frontal y la amígdala. En uno y otro caso, se pone en evidencia la importancia funcional de estas conexiones.

En la literatura científica, es conocido el caso de Phineas Gage, un trabajador que, como consecuencia de un accidente laboral, perdió las conexiones de su región prefrontal con el sistema límbico. El resultado fue un cambio dramático en su personalidad. Su nivel intelectual se mantuvo intacto, pero su carácter se volvió irritable, irreverente, caprichoso, agresivo y era incapaz de tomar decisiones.

Las numerosas lobotomías practicadas por el psiquiatra y neurólogo estadounidense Walter Freeman también pusieron de manifiesto la importancia de estas conexiones. En el pasado, se pensó que las desconexiones quirúrgicas entre el sistema límbico y el lóbulo frontal o lobotomías podían ser el tratamiento ideal para personas psicóticas y que presentaban alteraciones poco precisadas de su personalidad. Con el tiempo, los resultados evidenciaron lo contrario, pues los individuos, si bien conservaban su capacidad intelectual, sufrían profundos cambios de personalidad que persistían a partir de la lobotomía.

Hoy en día, se ha dejado de lado este tipo de intervenciones, ya que las personas lobotomizadas sufren de:

— *Personalidad impulsiva, irritable, agresiva e irreverente, y con respuestas poco meditadas,* lo que se interpreta como consecuencia de la respuesta de la amígdala sin que intervenga la acción funcional moderadora del lóbulo cortical prefrontal sobre ésta.
— *Dificultades para la toma de decisiones,* ya que los pros y los contras elaborados por el lóbulo frontal llegan con dificultad a la amígdala, lo que no favorece la toma de decisiones, ni a corto ni a largo plazo.

Consecuencias de los desequilibrios entre emociones «automáticas» y la respuesta razonada

Cada vez es más manifiesta la importancia de la «maduración» que cada persona ha tenido en el transcurso de su vida y que sigue teniendo en su día a día, entre las conexiones del sistema límbico o emocional, y en concreto entre las amígdalas y los lóbulos frontales.

Actualmente, se piensa que la mayor parte de las enfermedades psíquicas tienen su origen en una lucha entre el poder del cerebro mamífero, para hacer aflorar sus potenciales en forma de emociones y sentimientos (podría parecerse al inconsciente de Freud), y el del cerebro cortical, con sentimientos más elaborados y racionales.

De esta lucha diaria entre emoción y razón, razón y emoción nacen las tendencias dualistas, trabajador-lúdico, ahorrador-dilapidador, pacífico-violento, alegre-depresivo, emocional-racional, etc., y la mayor parte de las enfermedades psicosomáticas, disfunciones y enfermedades mentales, como la ansiedad, la depresión, las fobias y los trastornos de la personalidad.

Metáfora de la cuadriga y el auriga

Para entender mejor la lucha o el equilibrio que se crea entre emociones-sentimientos y razón, puede ayudarnos la metáfora de la cuadriga tirada por cuatro caballos y un auriga.

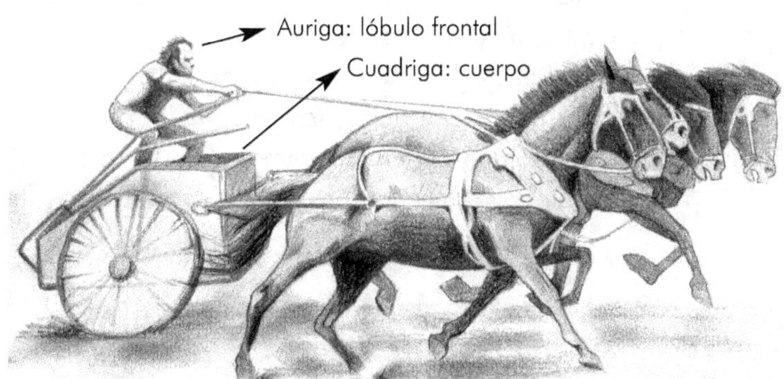

Figura 23. Las emociones pueden compararse con la fuerza con la que los caballos tiran de nuestra «cuadriga-cuerpo», dirigidos por el «auriga-lóbulo frontal».

En ésta, las emociones y los sentimientos están representados por los caballos que tiran con fuerza de la cuadriga. El auriga representa la razón del cerebro cortical, que intenta educar, razonar y conducirlos por las vías más adecuadas.

Si el auriga sabe controlar la fuerza y dirección de los caballos y los coordina adecuadamente, los resultados serán brillantes.

Si los «caballos-emociones-sentimientos» corren descoordinados y cada uno va por su lado, las consecuencias serán accidentes de todo tipo, manifestados en forma de enfermedades físicas y mentales.

Las conexiones entre los centros emocionales y los corticales
deben crear sentimientos armónicos. De no ser así,
las enfermedades físicas y mentales estarán al acecho.

Emociones y sentimientos positivos y negativos *versus* aflictivos y no aflictivos

En páginas anteriores, la tabla 3 clasifica las emociones y los sentimientos como positivos o negativos; en realidad, no existen emociones buenas o malas, positivas o negativas. En determinado momento, las etiquetadas como negativas pueden no serlo y beneficiarnos por sumirnos en un estado que puede salvarnos la vida; el miedo, por ejemplo, en muchas ocasiones nos previene y defiende de elementos peligrosos.

Los budistas hablan de emociones *aflictivas* o *no aflictivas,* en función de las consecuencias que pueden tener en las personas. Esta denominación es más adecuada y se acerca más a la realidad que la nuestra.

La fabricación de las emociones y los sentimientos. La química de los neurotransmisores

En la «fabricación» de cada emoción intervienen procesos de atención, percepción, memoria e imaginación. A ello sigue la liberación del neurotransmisor adecuado a cada emoción, que facilita la respuesta.

Cuando la emoción o el sentimiento que causa el impulso es valorada como «no peligrosa» o «no aflictiva», como la alegría, el amor, la paz…, se liberan neurotransmisores que se traducen en acciones de acercamiento y de aceptación del cambio, como la *dopamina,* la *serotonina* o la *occitocina.*

Cuando la emoción es catalogada como «peligrosa» o «aflictiva», el cuerpo reacciona de inmediato, en muchas ocasiones sin esperar la respuesta de la corteza cerebral, mediante la liberación de neurotransmisores que nos preparan para la lucha y la huida, básicamente, *cortisona, adrenalina* y *noradrenalina.* Ello nos proporciona un mayor aporte de sangre y de nutrientes para las células, que se traduce en una mayor capacidad del corazón para bombear sangre, una mayor frecuencia respiratoria, una dilatación de los bronquios, un incremento de la fuerza muscular y todo lo necesario para «enfrentarnos a la batalla».

Consecuencias de la cronificación de las emociones y los sentimientos aflictivos

Algunos de los trastornos significativos de la salud mental podrían ser una de las consecuencias de procesos repetitivos que deterioran determinadas conexiones neuronales y facilitan otras en direcciones maladaptativas.

Los niños sometidos a tensiones en sus primeros años de vida están predispuestos a desarrollar en la edad adulta síntomas clínicos de ansiedad, miedo, pánico y trastornos de la personalidad, entre otros.

Si la tendencia del sentimiento aflictivo (miedo, ansiedad, estrés, culpa, resentimiento, etc.) dura más de tres meses, las conexiones neuronales empiezan a transformarse, y a partir de ese momento, cualquier cambio que se produce en nuestro alrededor puede ser considerado una posible amenaza inmediata o futura, y nuestros «enemigos» son tantos que nos desbordan por todas partes.

La persona se torna entonces aprensiva, temerosa, impaciente, se halla en un estado continuo de hipervigilancia, tiene un recurrente sentimiento anticipatorio, piensa en futuras desgracias y fatalidades, y esto, a su vez, crea más ansiedad que vuelve a conectar el circuito.

Como si de una guerra se tratara, los neurotransmisores encargados de nuestra defensa, y otros, empiezan a hacer notar sus acciones, hasta que aparecen sus consecuencias en forma de:

- *Insomnio* o dificultades para conciliar y mantener el sueño, debido a la disminución de serotonina.
- *Cansancio, fatiga, debilidad muscular* por agotamiento de las reservas de adrenalina y noradrenalina.
- *Falta de apetito.*
- *Dolor*, ante la falta de endorfinas que alivien nuestras algias.
- *Palpitaciones, taquicardia, sensación de ahogo.*
- *Trastornos del sistema inmune,* causados por la persistencia de la cortisona en la sangre.

Si todos estos cambios persisten en el tiempo, se están sentando las bases de numerosas enfermedades físicas y mentales, algunas de las cuales vamos a perfilar a continuación.

Enfermedades psicosomáticas

El viejo aforismo romano *Mens sana in corpore sano* sigue teniendo plena vigencia hoy en día.

Existe abundante evidencia científica de que determinadas enfermedades, por ejemplo la obesidad, la diabetes, la hipertensión arterial, las cardiovasculares, la fibromialgia, el empeoramiento de la enfermedad coronaria, el colon irritable, la colitis ulcerosa, las que cursan con disminución de la inmunidad (eczemas, psoriasis) e incluso algunos cánceres, se deben en parte a una distonía o un desequilibrio entre la mente y el cuerpo.

Los neurotransmisores de las emociones aflictivas (cortisona, adrenalina y noradrenalina, entre otras) desempeñan un importante papel en su creación y mantenimiento, y las consecuencias de tales emociones son tan evidentes que incluso la *vox populi* las ratifica:

> *Los soberbios, avaros, presumidos, airados sobresaltan*
> *la sangre y predisponen el cuerpo para que*
> *les sobrevenga una enfermedad.*
> Álvaro Cunqueiro

Algunas enfermedades mentales: el miedo, las fobias, los trastornos de ansiedad y de personalidad

El miedo, el estrés y la ansiedad crónicos pueden manifestarse en función de otros factores no siempre bien conocidos. El *Manual de Diagnóstico y Estadística de los Trastornos Mentales (DSM IV)* recoge algunos de ellos en forma de fobias, trastornos de ansiedad y de la personalidad.

Como veremos, el miedo y el estrés o la ansiedad, cuando se transforman en sentimientos crónicos, tienen mil caras.

Trastornos relacionados con el miedo: las fobias

El miedo está justificado, es una emoción adaptativa. Tenemos miedo de los animales peligrosos, la oscuridad, los truenos, las situaciones económicas o sentimentales difíciles, etc., pero ese mismo miedo puede ayudarnos a anticipar y resolver problemas.

Las fobias son sentimientos de un miedo irracional. Quien las sufre sabe perfectamente que no se corresponden con la realidad, pero no puede hacer nada para evitarlo.

Se producen en situaciones en las que la persona no se halla ante un peligro real. A pesar de todo, ella lo interpreta y lo sufre como un miedo irracional, persistente, excesivo y muy intenso desencadenado por la presencia o anticipación de un objeto o situación concreta.

La fobia no ayuda a superar un determinado obstáculo, sino que modifica comportamientos, y evita algunas situaciones «fóbicas», como acariciar a un perro, hablar en público, volar, etc.

Existen descritas infinidad de fobias. En función del tipo de objeto o situación, distinguimos entre:

- *Fobia social.* Miedo a ciertas situaciones sociales, como comer, hablar en público, leer en público, etc. La persona se siente vigilada y examinada, lo que le recuerda errores cometidos en el pasado que teme volver a repetir. Teme equivocarse gravemente al hablar, padecer tartamudeo, que le tiemble la voz, perder el hilo de lo que quería decir, o sonrojarse.

  Otras veces es fobia a comer en público; se tiene miedo a atragantarse y dar un espectáculo; o a realizar un escrito con caligrafía temblorosa o ilegible que evidencie su malestar interior, etc.

- *Fobia a los espacios*, ya sean amplios y abiertos, como plazas, estadios deportivos, o macroespectáculos musicales (agorafobia), o bien espacios reducidos o cerrados, como ascensores, metro... (claustrofobia). En ambos, la persona fóbica teme encontrarse en situaciones donde piense que escapar le resultaría difícil.

- *Fobia a los animales.* El miedo irracional aparece ante la presencia de determinados animales (perros, gatos, serpientes, ratas, arañas, etc.), ya sea por recordar episodios negativos ocurridos anteriormente o por imaginarlos.

- *Fobia a volar.* La persona es incapaz de viajar en avión, por los enormes miedos que le aparecen con sólo pensar en subir a uno. Es causa de limitaciones en la vida personal y profesional.

- *Fobia situacional.* El miedo irracional e insalvable se manifiesta ante determinadas situaciones: intervenciones quirúrgicas, extracciones de sangre, visita a hospitales, dentistas, cirujanos, etc.

El número y tipo de fobias es elevadísimo y algunas personas sufren más de una.

Trastornos relacionados con la ansiedad

Definíamos el miedo como una emoción adaptativa, que nos permite superar determinados obstáculos que tememos y nos prepara para superarlos. Se diferencia de la ansiedad en que las personas que la padecen no puede determinar la causa del miedo.

El ansioso espera continuamente la aparición real o imaginaria de algo que le causará daño, y permanece en una constante actitud de alerta, en una espera agotadora e inútil que lo va minando por dentro. Tiene miedos irracionales a que se produzcan determinados hechos, pero desconoce cuál es el hecho concreto que desencadenará estos episodios.

Tenemos mucha información contradictoria y, en muchas ocasiones, no sabemos cómo orientarnos en este universo hipertrófico, lo que nos lleva a una espiral de ansiedad-depresión.

Existen mil maneras distintas de expresar la ansiedad, que se manifiesta de una u otra forma en función de las experiencias personales y sociales de cada individuo. Las agrupamos con determinadas etiquetas:

- *Estrés.* Sensación de no contar con los recursos físicos o psicológicos necesarios para resolver las exigencias de la vida personal o familiar.

- *Ansiedad generalizada.* La persona está continuamente preocupada y alerta, esperando que ocurra cualquier hecho que le perjudique. Está tensa, inquieta, fatigada, irritable, cansada, desganada, padece alteraciones del sueño, etc.

- *Crisis de pánico.* La persona presenta sensación de terror, miedo o malestar intenso e inesperado, teme morir o perder el control.

Busca los síntomas que ha presentado en otras ocasiones (palpitaciones, dificultad para respirar, opresión en el pecho, temblores, sudoración, mareos, etc.), hasta que los encuentra y los hace crecer hasta un límite insoportable.

- *Estrés postraumático.* Aparece después sufrir una experiencia aterradora o traumática (guerras, accidentes, asaltos, secuestros, torturas, peleas, amenazas, incendios, etc.). El hecho produce recuerdos recurrentes, incontrolados e intentos vanos de evitar estos pensamientos.

Trastornos del control de los impulsos

La dificultad de controlar los propios impulsos es también una forma de ansiedad. La persona experimenta una sensación de tensión que se incrementa hasta cometer un acto determinado. Cuando lo concluye siente placer y la tensión acumulada se libera, aunque después se incremente el problema y su grado de insatisfacción.

La causas de estos trastornos no se conocen completamente, pero se sabe que los estados de ansiedad crónicos y las disfunciones en las conexiones entre la amígdala y el lóbulo frontal creadas desde el nacimiento, favorecen su aparición.

Los trastornos del control de los impulsos son, pues, «falsas maneras de compensar la ansiedad». Se es incapaz de resistir el impulso aun a sabiendas de que el acto les perjudicará a ellos o a terceras personas.

Los trastornos del control de los impulsos se manifiestan de muy distintas formas:

- *Trastorno explosivo intermitente.* La persona que lo sufre tiene dificultad para controlar sus impulsos, que se manifiestan por el incremento de su agresividad, expresada de manera desproporcionada con respecto al estresante psicosocial que lo precipita.

El comportamiento explosivo va precedido por una sensación de tensión o activación interior y seguido por la «explosión», que puede manifestarse por rotura de cosas, puñetazos, patadas a muebles, agresiones a personas, gritos, etc. Tras la sensación de liberación, la persona expresa remordimientos.

Suele deberse a un ambiente infantil desfavorable, con gritos y episodios de violencia frecuentes, que son la fuente de la inestabilidad emocional.

- *Cleptomanía.* Dificultad para resistir el robo objetos, normalmente de escaso valor y carente de utilidad para la persona que lo realiza.

  El hecho no reporta ningún beneficio, pero la persona es incapaz de controlar su estado emocional, corre riesgos innecesarios e inútiles para sentirse «recompensada transitoriamente» por un hecho que después le hará sentir culpable.

  Se asocia a episodios de ansiedad generalizada y a otros trastornos de la personalidad.

- *Ludopatía.* Tendencia al juego repetido y persistente, que se manifiesta por pérdida de cantidades crecientes de dinero y fracasos repetidos en los esfuerzos para dejar de jugar.

  El juego produce una atracción irresistible, para lograr «escapar falsamente» de su estado de ansiedad. Las consecuencias siempre son negativas, en lo económico, personal y social.

- *Piromanía.* Impulso de provocar incendios, sin considerar las consecuencias de la acción ni mediar ganancia personal alguna de por medio.

- *Tricotilomanía.* Arrancamiento recurrente del cabello que evidencia una pérdida perceptible del mismo. Existe sensación de tensión creciente que deja paso a una sensación de bienestar, gratificación o liberación cuando se consuma la acción.

- *Adicciones.* Adicto, etimológicamente significa «esclavo de por vida» de la adicción y de su proceso de recompensa descontrolado. La gratificación varía en función de la droga consumida, y es tanto más adictiva cuanto más intensa es la gratificación temporal.

  Los drogadictos tienen una disminución del volumen del lóbulo prefrontal, lo que apunta a una disfunción de éste.

- *Otros.* La *bulimia* o toma incontrolada de alimentos, que suele terminar en vómito de lo comido; la *compra compulsiva* de bienes de consumo innecesarios, muchos de los cuales nunca serán utilizados; el trabajo, entendido como *workalcoholico,* o adicto a la labor que se realiza, que lo separa de cualquier otra actividad o compromiso social como padre, esposo, amigo, etc.

La personalidad y sus trastornos

El fotógrafo catalán Joan Fontcuberta hace una definición de la personalidad, corta y significativa, relacionándola con nuestro historial de emociones:

> *No todas las alteraciones psicológicas y de la conducta que*
> *presenta una persona pueden atribuirse a trastornos mentales,*
> *sino que también pueden deberse a trastornos de la personalidad.*

La personalidad es la consecuencia de la interacción de factores genéticos, biológicos y de aprendizaje emocional y social que determinan un conjunto de características de comportamiento individual y social que hacen única a cada persona.

Las distintas teorías y definiciones que se han hecho de la personalidad presuponen una concepción global del ser humano y de la capacidad integradora de los estímulos que recibe.

Las *teorías psicoanalíticas* de Freud y sus seguidores explican conceptos como el inconsciente, la pulsión o atracción a determinada tendencia, la repulsión y la represión, entre otros. Los nuevos freudianos añaden el inconsciente colectivo (GG Jung), los sentimientos de inferioridad (Adler) o la bondad y el amor que el ser humano precisa para ser feliz (Erich Fromm).

El psiquiatra y neurólogo alemán Ernst Krestchmer (1888-1964) relacionó la personalidad de un individuo con la forma de su cuerpo. Así, se refirió a personas *atléticas,* poseedoras de una personalidad y un carácter explosivo, con tendencias dominantes, agresivas, duras y de mentalidad dispersa; a personas *obesas,* con tendencia a la comodidad, de reacciones lentas, aficionadas a comer, con buenas relaciones personales, amables y con deseo de afecto; y a personas *delgadas,* rápidas, nerviosas, cohibidas, hipersensibles a la crítica y recelosas en sus sentimientos.

Las *teorías conductistas* explican la formación de la personalidad basándose en los hábitos aprendidos que se cambian en una u otra dirección en función de los refuerzo o estímulos positivos, o los castigos o estímulos negativos.

Las *teorías conductistas-cognitivas* creen más en el *homo sapiens,* que reacciona a los estímulos en función de su inteligencia y no de los estímulos positivos o negativos que recibe.

Las *teorías de dialéctica conductual* parten de la aceptación del estado emocional para intentar superarlos.

Sea como quiera, hay personalidades con tendencias patológicas, conductas y manifestaciones afectivamente lábiles, con incontinencia emocional y tendencias impulsivas y a realizar conductas dirigidas a la obtención inmediata de satisfacciones.

Los *trastornos de personalidad* tienen en común una respuesta anómala a los estados de ansiedad y estrés. Esta conducta no es aceptada como anómala, por lo que resulta repetitiva, estable a lo largo del tiempo e irritante para los demás, pero no tanto para quien la sufre, de manera que no busca solución a la misma.

Las causas que afectan a nuestra personalidad tampoco son bien conocidas; sin embargo, los rasgos heredados y aprendidos pueden desempeñar algún papel en su aparición:

Factores genéticos, ambientales, culturales, biológicos, sociales, psicológicos, objetivos desfasados, autoestima, desconfianza, preocupaciones, emociones pasadas, miedos, ansiedades, recuerdos, sufrimientos, llantos, inseguridades…, sobre todo los sufridos en los primeros años de vida y en la infancia, cuando se viven frustraciones repetidas y se convive con personas de mentes represivas y estériles que van minando la personalidad.

También es muy importante el cómo hayamos aprendido a interpretar todo lo que nos ha sucedido.

Los trastornos de la personalidad se manifiestan cuando ésta empieza a valorarse, al inicio de la adolescencia. Después, se va perfilando día a día, en función de los estímulos que recibe el individuo, de cómo los interpreta y de las respuestas que les da.

Actualmente, se aceptan diez tipos distintos de trastornos de la personalidad, cada uno de ellos diferenciado por manifestaciones específicas, aunque también pueden darse trastornos asociados de distintos tipos.

- **Trastorno límite de la personalidad**
  Es un patrón de comportamiento que se aparta acusadamente de las expectativas de la cultura que cabría esperar de la persona. Se inicia en la adolescencia, es estable a lo largo del tiempo y comporta perjuicios.

  Se trata de personas inestables, inmaduras, desconfiadas, agresivas, recelosas, irritables, ansiosas, con poca autoestima y dificultades para controlar sus impulsos, que se dejan llevar por la ira, lanzan amenazas y se enzarzan en peleas frecuentes.

  Son infelices y hacen infelices a los demás. No saben amar ni dejarse amar. Con frecuencia se sienten vacíos y enojados. Toleran mal el abandono real o imaginario, y mantienen un patrón de relaciones personales intensas e inestables con amenazas e incluso intentos de suicidio.

  Se asocia a otros trastornos de la personalidad: esquizotípico, paranoide, histriónico, narcisista o antisocial.

Las consecuencias de esta personalidad se manifiestan en fracaso escolar y laboral, desadaptación, amistades inestables y separaciones conyugales, entre otras.

Se desconocen las causas, pero se acepta que el estrés en los primeros años con vivencias traumáticas, abusos, comunicación emocional inadecuada, negligencia o sobreprotección e inseguridad desempeñan un importante papel. Creen que los cuidados de su infancia fueron insuficientes y buscan más atención de los demás en su etapa adulta.

- **Trastorno paranoide de la personalidad**
  Se caracteriza por desconfianza y suspicacia. El individuo que lo padece piensa que los demás se aprovechan de él, que van todos contra él, por lo que es reacio a confiar en los otros, es rencoroso y rara vez perdona. Las causas deben buscarse en una infancia compleja, con tensiones, miedos y numerosos problemas.

- **Trastorno esquizoide**
  La persona es «rara», pues restringe las relaciones sociales y la expresión emocional. No desea ni disfruta de las relaciones interpersonales. Tiene pocos amigos íntimos y es indiferente a los halagos y a las críticas. Muestra frialdad o distanciamiento emocional.

- **Trastorno esquizotípico**
  El individuo tiene escasa capacidad para las relaciones interpersonales. También se le tacha de «raro» por sus pensamientos, sus experiencias perceptivas inhabituales, su suspicacia e ideación paranoide (ve, oye e interpreta las cosas de forma muy distinta a la mayoría).

- **Personalidad antisocial**
  Quien lo sufre tiende al aislamiento. No suele acudir a eventos sociales porque se siente incapaz de relacionarse y aceptar las nor-

mas sociales. Teme que sus defectos queden en evidencia. Tiende a mentir y a dejarse llevar por impulsos, y se siente incapaz para planear el futuro puesto que las decisiones las toma en función de estímulos momentáneos.

Todo le molesta, por lo que se muestra irritable, agresivo e irascible con desenlace violento. Precisa que sus méritos sean reconocidos de inmediato.

- **Trastorno histriónico de la personalidad**
  Persona teatrera y que busca llamar la atención de los demás de manera continuada. Quiere ser siempre el centro de atención y cuando no lo consigue se siente incómoda o despreciada. Cree que todo lo hace bien y culpa a los demás de sus fracasos y decepciones.

  Sus causas han de buscarse en una falta de atención en la infancia y en familiares directos con una personalidad similar.

- **Narcisista**
  Tiene un concepto hipervalorado de sí mismo. Su elevada autoestima acaba por causar el rechazo de la mayoría. Envidia a los demás, es arrogante y soberbio. Suele comenzar muchos proyectos, pero termina muy pocos.

  La hipervaloracion de sus cualidades por sus padres y el miedo a no poder alcanzar sus metas son la base de este trastorno.

- **Trastorno evitativo de la personalidad o por evitación**
  Se caracteriza por el deseo de inhibición social. Quienes lo padecen evitan los trabajos que impliquen contacto interpersonal, y son reacios a implicarse. Les preocupa la crítica y el rechazo, son vergonzosos y frágiles y manifiestan un acusado sentido de inferioridad.

- **Dependiente**
  Las personas dependientes precisan que se ocupen de ellas cons-

tantemente. Necesitan el visto bueno de los demás para tomar cualquier decisión, también que otros carguen con la responsabilidad y eviten su culpabilidad.

Temen ser abandonados, por lo que buscan rápidamente sustitutos cuando una amistad o una relación ha terminado.

Las causas deben buscarse en la inseguridad creada en su infancia, y el miedo a no ser capaces de tomar decisiones acertadas ni hacer nada de forma correcta.

- **Trastorno obsesivo compulsivo (TOC)**
  Se manifiestan por la presencia de obsesiones entendidas como pensamientos o ideas recurrentes, persistentes e involuntarias que se consideran inapropiadas y que producen ansiedad intensa o malestar significativo; y compulsiones entendidas como acciones o rituales, que se realizan con el fin de disminuir la ansiedad que generan las obsesiones.

  Las personas con este trastorno son detallistas, controladoras, perfeccionistas. Nadie lo hace tan bien como ellas. Se preocupan en exceso por el orden, la limpieza, el tiempo o el dinero.

  Uno de los ejemplos más conocidos es la persona que teme contaminarse con todo lo que le rodea (obsesión) y se lava las manos continuamente (compulsión).

  Las variedades son también infinitas: tener la mesa con una serie de objetos en distancias y lugares determinados; no poder detenerse frente a cuadros desequilibrados y tener que retocarlos constantemente; no poder ponerse prendas de un determinado color porque piensa que le traerán desgracias; no poder pisar las líneas que forman los mosaicos de las aceras o tener que comprobar una y otra vez que ha cerrado correctamente la llave del gas…

  El obsesivo responde a su tensión crónica con dudas que incrementan su tensión y le llevan a realizar acciones que entiende como innecesarias, pero que no puede dominar.

Tratamiento

Es largo y difícil, y pasa por mejorar el grado de ansiedad del individuo, por hacerlo consciente de que debe modificar su conducta. Debe saber que muchas de las cosas aprendidas en su infancia para solucionar problemas no funcionan en la edad adulta y empezar a aceptarlo. Tiene que aprender a meditar, a conocerse, a descubrir qué siente en cada momento, a diferir las respuestas y a valorar la importancia de la educación que damos y que recibimos, sobre todo en los primeros años de vida, algo esencial para perfilar nuestra personalidad.

Resumen de las consecuencias de las emociones y los sentimientos aflictivos

Las emociones y los sentimientos están continuamente con nosotros, en toda nuestra vida, en todo nuestro tiempo.

Son consecuencia de la interacción, fundamentalmente, entre el sistema límbico y el neocórtex, de todo lo que recibimos, pensamos e imaginamos y de cómo lo percibimos.

No existen emociones buenas o malas, pero sí podemos clasificarlas en aflictivas o no aflictivas, en función de cómo su persistencia condicione un estado anímico.

La cronificación de las emociones y los sentimientos aflictivos, solos o acompañados de otros factores, son la base de la mayoría de las enfermedades físicas o psicológicas que hemos comentado, sobre todo, si se han producido en los primeros años de vida.

Dicho así, parece que el tema es exclusivamente académico, y que sólo tiene repercusión en algunas páginas de aburridos textos. En realidad, nuestra inteligencia emocional, es decir, la forma en que seamos capaces de gestionar nuestras emociones y nuestros sentimientos, eliminando lo antes posible las aflictivas, y buscando permanecer bajo la influencia de las no aflictivas, condicionará nuestra existencia.

Capítulo 5
La inteligencia emocional

*La vida es difícil, pero las dificultades se pueden superar
si reconocemos sus causas y salvamos los obstáculos
que nos impiden vencerla.*
Las verdades nobles
Buda

Las emociones y los sentimientos tienen una importancia capital en las enfermedades psicosomáticas y en los trastornos relacionados con el miedo, la ansiedad, el estrés o la personalidad. No cabe duda, pues, que invertir nuestro tiempo en estudiar y conocer nuestro estado emocional y modificarlo, como si se tratara de una escalera que permitiera abandonar un estado emocional aflictivo y «subir o cambiar» a otro no aflictivo, redunda en nuestro propio beneficio.

Esta «verdad noble» de Buda muestra un camino para incrementar la inteligencia emocional: conocer sus causas y aprender a superarlas.

¿Cómo es posible que las emociones y los sentimientos tengan tanta importancia y repercusión en nuestra vida?

Sencillamente, porque están presentes continuamente. Durante toda nuestra vida.

Debemos ser conscientes de que, de manera constante, recibimos estímulos por medio de nuestros cinco sentidos (básicamente para la

Figura 24. Nuestra vida es, en buena parte, consecuencia de nuestra personalidad, y ésta lo es de la suma infinita de las emociones y los sentimientos acumulados durante toda nuestra existencia.

creación de las emociones), y de nuestros pensamientos y recuerdos o de nuestra imaginación.

Recordemos de nuevo cómo se forman las emociones y los sentimientos y cuáles son sus consecuencias (véase la figura 24).

Qué entendemos por inteligencia emocional

Podemos definirla de distintas formas, por ejemplo:

- La habilidad para controlar y expresar las emociones y los sentimientos de la manera más adecuada en cada momento, en el terreno personal, profesional y social, a la vez que entendemos las emociones y los sentimientos de los demás.
- El manejo adecuado y efectivo de las emociones y los sentimientos, con el fin de lograr un trabajo pacífico y conjunto de los individuos con una meta común basándose en el autodominio de la habilidad social y el aprendizaje.

- La inteligencia que nos permite analizar nuestro estado emocional, e intentar modificarlo si éste es «aflictivo».

Veamos qué podemos hacer para mejorar nuestra inteligencia emocional, los estados y las tendencias emocionales y con ello nuestro éxito personal, laboral, social, e incluso nuestra salud física y psíquica.

Distintos métodos para cambiar las emociones y los sentimientos aflictivos. La escalera emocional

La idea de que la mayor parte de las respuestas de la mente «son conscientes», no es correcta. Es más exacto decir que somos mucho más que nuestros procesos conscientes. Como hemos visto en los casos de «golpe de estado emocional», las «emociones inconscientes» escapan al papel moderador y modulador de nuestra conciencia.

La plasticidad del sistema nervioso central permite aprender a gestionar las emociones y con ello nuestra personalidad, aunque no sea un proceso sencillo, ni rápido en el tiempo.

Nadie es capaz de «eliminar» sus emociones y sentimientos. En todo caso, podemos intentar «educarlos» o gestionarlos.

La «escalera emocional» es una forma de transformar los sentimientos y las emociones aflictivos, pues nos ayuda a «dejarlos en el sótano», y nos conduce a modificarlos y a disfrutar de los no aflictivos.

Es fácil aceptar, por ejemplo, que determinados alimentos perjudican la salud, de manera inmediata o a largo plazo. Con las emociones y los sentimientos ocurre exactamente lo mismo. Debemos entender y tener siempre presente que las emociones y los sentimientos aflictivos condicionan nuestro estado anímico, nuestras tendencias, nuestra forma de ser y, en definitiva, nuestra vida.

Si te quemas la mano… retírala del fuego.
Pensamiento budista

Incrementar la inteligencia emocional no es algo tan sencillo como retirar la mano del fuego, pero es una labor que debemos iniciar cuanto antes, pues puede durar toda nuestra vida, y siempre será un tiempo bien empleado.

Acerquémonos paso a paso a alguno de estos métodos, que para entenderlos mejor hemos clasificado en métodos para incrementar nuestra inteligencia emocional personal y social.

Inteligencia emocional personal

Se trata de redescubrir en nosotros una serie de facetas que nos ayuden a transitar por la «escalera emocional», como si subiéramos desde estratos «emocionalmente aflictivos» (miedo, odio, ansiedad, ira…) hacia estados emocionales placenteros y saludables (amor, esperanza, fe, perdón, compasión, etc.).

Proponemos una serie de posibilidades que no son ni exclusivas, ni compartimentos estancos, ni guardan un orden jerárquico determinado. Podemos transitar de una a otra con suma facilidad, pues están interrelacionadas.

1. Aprender a valorar nuestro estado emocional en todo momento.
2. Conocer qué hay detrás de cada emoción aflictiva.
3. Seleccionar las fuentes de los impactos emocionales. Detectar el «vampirismo emocional».
4. Retardar las respuestas emocionales.
5. Valorar la importancia de los pensamientos.
6. Valorar la importancia de las acciones.
7. Vivir de acuerdo con determinados principios y valores.
8. Conocer la falsa solución de las drogas.
9. Aprender a trabajar con objetivos adecuados.
10. Descubrir cómo la cognición puede cambiar la percepción de nuestras vidas.

Aprender a valorar nuestro estado emocional en cada momento

Conócete a ti mismo.
Inscripción del Oráculo de Delfos

El lema «Conócete a ti mismo», atribuido a Sócrates, estaba inscrito en el frontispicio del Oráculo de Delfos, y sigue vigente hoy en día porque si no sabemos cuál es el problema que nos aflige, es difícil que podamos solventarlo.

De la misma manera, si no sabemos lo que sentimos, difícilmente podremos lograr nuestros objetivos y nuestro equilibrio emocional. Por ello, cada día debemos plantearnos, por lo menos durante unos minutos, qué nos aflige, por qué y cómo podemos solucionarlo. Todo está en nuestra cabeza, el problema es que en muchas ocasiones se halla en completo desorden.

Entendemos que nuestro cuerpo se canse y que deba descansar, ya sea reposando sentados, estirados o durmiendo. Sin embargo, no siempre reconocemos que la mente también precisa descanso, a veces incluso más que el resto del cuerpo, y para ello, no es suficiente con el descanso físico. Ni tan siquiera el dormir garantiza un perfecto descanso, pues la mente sigue trabajando, inventando sueños o pesadillas, que en momentos personales críticos nos hace levantar con una sensación de mayor embotamiento y cansancio mental.

La metáfora de la vasija con agua y arena

Imaginemos una vasija transparente, llena de agua y con finos cristales de arena que se remueven constantemente en su interior y nos impiden ver a través de ella. Si no dejamos de remover (estimular) el agua, la visión siempre será de mala calidad. Es preciso dejar en reposo el agua y las finas partículas de arena, para que éstas se precipiten al fondo y aparezca la transparencia cristalina del agua. Algo así sucede en la mente cuando nos concedemos unos minutos para relajarnos.

Los ejercicios de relajación y meditación pretenden clarificar el «agua» de nuestra mente. Una vez sedimentados los pensamientos, las emociones y los sentimientos aflictivos y no aflictivos, la mente estará en condiciones óptimas para funcionar de nuevo, descansada y feliz de poder enfrentarse a nuevos retos vivenciales.

Distintas técnicas de relajación

¿Cuántas veces nos han aconsejado: relájate? ¿Y cuántas veces hemos utilizado alguna técnica para hacerlo?

Existen muchos métodos de relajación, pero aquí sólo incluimos algunos de los más importantes.

Todas las técnicas de relajación son adecuadas cuando se dominan. Debemos elegir aquella que nos parezca más sencilla y acorde con nuestra manera de ser y con el momento en que nos encontremos, y practicarla hasta obtener los resultados que buscamos.

Un descanso mental será aquel estado en el que nuestros sentidos y nuestros pensamientos no trabajen o lo hagan en su mínima expresión. La mente relajada está «vacía» de elementos que la contaminan. Algo tan fácil de sintetizar es, en cambio, difícil de llevar a cabo.

Las técnicas de relajación y meditación también se denominan técnicas de *purificación emocional,* pues ayudan a conocer y superar los estados emocionales «tóxicos».

La relajación debería ser un hábito fundamental en todas las personas. Un individuo relajado es alguien preparado para apreciar y entender la realidad de su vida de la manera más adecuada a sus circunstancias. Por el contrario, en la persona tensa, estresada y angustiada aumentan todos los problemas de su rutina habitual.

A partir de determinados ejercicios respiratorios lograremos tranquilizarnos e iniciar el reposo del corazón y de la mente, reposo que puede incrementarse si eliminamos estímulos visuales, auditivos, táctiles, olfativos y gustativos, todos ellos aflictivos, y estímulos psíquicos, como los recuerdos o los pensamientos.

Con los ejercicios de relajación y de meditación se logra, fundamentalmente, dar reposo a la mente, que en muchas ocasiones está agotada por completo y, como consecuencia, funciona de forma desequilibrada o inadecuada.

Cuando desaparece la angustia, vemos a la gente que nos rodea y a los problemas desde otra perspectiva, todo parece entonces transparente. Tenemos la capacidad de apreciar «otra realidad».

*Las grandes ideas surgen cuando nuestra
mente está descansada.*

Las técnicas de relajación, aunque innumerables, se basan en dos hechos fundamentales comunes: el control sobre la respiración y el control sobre los movimientos voluntarios y los órganos de los sentidos.

El control de la respiración

La mayor parte de las técnicas de relajación y meditación se basan en el control de la respiración, y esto tiene una explicación.

Sólo tenemos un modo de controlar la frecuencia cardiaca y, como consecuencia, muchas de las actividades y los estados emocionales regulados de forma automática por el sistema nervioso autónomo o vegetativo, que en parte se encuentran ubicados en nuestro cerebro reptil (presión arterial, metabolismo, secreción ácida del estómago, movimientos intestinales, etc.): controlar la frecuencia de nuestra respiración.

El control sobre la respiración y su cadencia

Busquemos un lugar tranquilo y apacible, y coloquémonos en la postura más cómoda y relajada posible. Aflojemos nuestros músculos.

Ahora ya podemos iniciar nuestras series respiratorias. Primero, tomemos conciencia de nuestra respiración apreciando, simplemente, cómo entra y cómo sale el aire de los pulmones. Esta técnica sencilla es ya suficiente en buen número de casos, que podemos completar con otras técnicas:

- **Series cortas de inspiración-espiración**
  Podemos iniciar series cortas en duración que iremos aumentando paulatinamente, sin que suframos lo más mínimo por respirar. Por ejemplo, por series de tres segundos; iremos contando mentalmente hasta tres mientras inspiramos, retenemos el aire en los pulmones durante tres segundos, exhalamos también durante tres segundos, y nos mantenemos otros tres segundos más antes de iniciar un nuevo ciclo.

  Podemos aumentar la cuenta hasta el número mayor que podamos controlar (4, 5, 6, 7 segundos, tal vez algo más) sin que se vea dificultada nuestra respiración.

- **Inspiración corta, espiración larga**
  Otra forma de controlar la respiración consiste en realizar inspiraciones cortas e intensas, alargando cuanto podamos la espiración.

  Podemos utilizar distintas variantes de esta técnica, por ejemplo, pronunciar la letra «u», alargándola («uuuuuuuuuuuu…»), al tiempo que centramos la atención en la zona abdominal situada por debajo del ombligo, y notamos cómo se incrementa la energía de nuestro cuerpo.

El control sobre los movimientos voluntarios y los órganos de los sentidos

- **Utilizar las manos y la cara**
  Las manos y la cara tienen una gran representación en la corteza cerebral, por eso los ejercicios con estas partes del cuerpo son

eficaces para controlar la relajación, y así lo entienden casi todas las religiones, que las utilizan al rezar o al pedir deseos. Veamos algunas.

Pongamos las manos sobre las piernas, si estamos sentados. Entrelacemos los dedos y después hagamos coincidir los índices y los pulgares. Con distintas presiones sobre ambos o sólo en uno de ellos, tenemos un ejercicio eficaz para relajarnos, que podemos prolongar durante el tiempo que creamos necesario.

Para relajar la cara, puede ser suficiente llenar los carrillos con aire, mantenerlo un tiempo y exhalarlo después. Primero el derecho, después el izquierdo.

Imitemos el bostezo: separamos las mandíbulas y las descontracturamos, a la vez que respiramos más lentamente y nos relajamos.

- **Poner la mano derecha sobre el corazón**
  Algo tan sencillo nos ayuda a conectar los latidos cardíacos con la respiración. Notamos cómo el tórax se mueve, sube con cada inspiración y baja con cada espiración, sin intentar modificar nada.

- **Métodos de «contracción-relajación»**
  Son técnicas muy sencillas. La persona adopta la actitud más cómoda posible, por ejemplo, se sienta en un cuarto con poca luz y silencioso, e inicia tandas de contracción-relajación de distintos grupos musculares.

  Podemos empezar por cerrar con fuerza la mano derecha y mantenerla así unos 15 segundos, después la relajamos, durante otros 15 segundos, al tiempo que exhalamos el aire de nuestros pulmones.

  Tras un breve espacio de tiempo de descanso, iniciamos la contracción-relajación de otro grupo muscular. A modo de ejemplo, sirvan los siguientes:

- Contraer y relajar la mano izquierda.
- Contraer el brazo derecho flexionándolo al máximo sobre sí mismo, y a continuación extenderlo lentamente.
- Cerrar un ojo con fuerza y mantenerlo así durante 15 segundos, luego abrirlo lentamente, empleando otros 15 segundos. Repetir el mismo ejercicio con el otro ojo. Ahora, fruncir la frente al máximo durante 15 segundos y relajarla durante el mismo tiempo.
- Replegar los labios sobre sí mismos durante un tiempo y abrirlos lentamente.
- Inclinar el cuello hacia adelante en lenta y progresiva flexión, luego situarlo hacia atrás hasta extenderlo por completo.

Los ejemplos son inacabables (pierna primero contraída en flexión y después en extensión, flexionar completamente un pie y después relajarlo, etc.). Al cabo de cierto tiempo podemos volver a comenzar por un grupo muscular ya utilizado, si así lo deseamos.

Debemos sincronizar la respiración con los movimientos de contracción-relajación, de manera que inspiremos durante los 15 segundos de la contracción y exhalemos el aire durante los 15 segundos de la relajación del grupo muscular utilizado.

- **Método de Mitchell y variantes**
  Consiste en adoptar posiciones opuestas a las asociadas a la ansiedad o al miedo. Sabemos que las reacciones de preparación para la lucha que acarrean los estados de miedo y ansiedad llevan aparejados cambios, como los puños cerrados para golpear a un hipotético enemigo, los músculos tensos para saltar, la boca seca, el ceño fruncido, la respiración superficial y entrecortada, etc. Pues bien, una vez nos hemos visualizado en este estado de «pre lucha», adoptamos las posiciones opuestas: por ejemplo, mantenemos las manos abiertas en lugar del puño cerrado, la cara sonriente en lugar del ceño fruncido, la boca jugosa en lugar de seca, etc.

Las variantes de este método son infinitas. Podemos aprender a concentrarnos en determinadas partes del cuerpo: una mano, un pie, un dedo, una pierna... Poco a poco, les enviamos mentalmente distintas sensaciones, por ejemplo de «peso», o de «calor», o de «frío», etc., en una secuencia concreta.

- **La meditación**
Habitualmente, se entiende por «meditar» el ejercicio de reflexión sobre determinado asunto; sin embargo, como técnica de relajación –no entendida como meditación trascendental–, la meditación tiene otro significado:

> *Meditar es «desconectar» el cerebro, de manera que*
> *no sea molestado por ninguna idea ni pensamiento.*
> *Con ello, y al igual que ocurre con las aguas turbias*
> *que se dejan en reposo, nuestras ideas, emociones*
> *y sentimientos, con el tiempo, se clarifican*
> *y se vuelven transparentes.*

Así pues, la finalidad de la meditación es dejar la mente en reposo para que se recupere de todos los impactos emocionales que recibe continuamente (ruidos, gritos, música, noticias en radio, prensa, televisión, vallas publicitarias, transportes públicos, imágenes agresivas, etc.), y que le impiden ser ella misma y saber realmente qué quiere.

Dejar descansar la mente, dejarla en blanco, sin pensar en nada, es absolutamente necesario para clarificar nuestras ideas reales y no mediatizadas; sólo así podremos buscar la esencia de las cosas para mejorarnos.

La finalidad filosófica de la meditación es alcanzar un estado de «desapego y aislamiento de todo pensamiento» en el que uno es consciente del entorno, pero no es atrapado por él, ni por ningún pensamiento. Cuando determinado pensamiento se hace consciente en nuestra mente, ésta debe intentar no inmutarse y dejar que pase y desaparezca; permanecer concentrado, por ejemplo, en un punto que está entre nuestros ojos y en la oscuridad del mismo, nos ayudará a conseguirlo.

Para las grandes culturas milenarias de India y China, esta meditación posee suma importancia y su práctica es habitual. En la sociedad occidental también ha aumentado su práctica en los últimos años, debido a los buenos resultados que se obtienen, aun sin pretender dominar la técnica.

La constancia, la paciencia, y cierta ayuda inicial para adentrarse en sus fundamentos son esenciales para obtenerlos.

Existen infinitas y complicadas técnicas de meditación, pero todas ellas tienen objetivos comunes:

- *Dominar nuestra atención.* Nuestra voluntad debe centrar su atención en un solo objeto o pensamiento, evitando pasar cualquier otro.
- *Cerrar nuestros sentidos.* Los ojos deben permanecer cerrados. Evitar toda fuente de sonidos e ignorar los que lleguen a nosotros. Debemos permanecer inmóviles y ajenos a posibles estímulos externos.
- *Interiorizar ese objeto o estímulo.* La finalidad es que forme un solo cuerpo con nosotros.

- **Mantras**
Una de las técnicas más utilizadas para introducir la meditación consiste en buscar un lugar silencioso, sentarse, cerrar los ojos y concentrarse en uno de los ejercicios respiratorios comentados, o en un sonido o «mantra», que se repite constantemente. El más conocido es OM, que se pronuncia alargándolo durante la espiración, iniciando con la repetición de la «o» continuada, a la que se une la «m» a la mitad de la espiración (oooooooooo-oommmmmmmm). El mantra nos ayuda a concentrarnos en él y a impedir la aparición de pensamientos «parásitos» que queremos evitar. Además, proporciona una vibración del tórax, la

cabeza, el abdomen y las extremidades, extraordinariamente beneficiosa.

- **Vivir el presente**
  Otra forma de entender la meditación es vivir el momento presente: centrarse en el ahora, entendido como ese tiempo que «no existe», pues desaparece rápidamente, situado entre el pasado y el futuro.

  Con ello evitamos pensar o recordar episodios del pasado, muchos de ellos cargados de sentimientos de culpa, así como adentrarnos en el futuro, incierto y lleno de preocupaciones y peligros.

Elección, duración y objetivos de los ejercicios de relajación

Lo más importante de estas técnicas de relajación es que nos familiaricemos con alguna de ellas, y que por lo tanto, podamos realizarla en cualquier momento.

Debemos elegir la que consideremos más adecuada y ajustada a nuestra forma de ser, y a las circunstancias en que intentamos practicarla. Bastará con un mínimo de 15 minutos diarios, que pueden fraccionarse en episodios de cinco minutos. Será más importante la continuidad que la intensidad.

Algunas son relativamente sencillas de aprender y de realizar; otras, en cambio, como el yoga, el *taichi,* o la meditación trascendental, precisan años y maestros adecuados para dominarlas, aunque esto no debería ser excusa para iniciarnos en ellas.

A través de las técnicas de relajación podemos disminuir nuestro «diálogo interno» y nuestra ansiedad, nuestras culpas pasadas y nuestros miedos futuros para encontrarnos en condiciones óptimas de analizar y «ver claro» cuáles son nuestros verdaderos sentimientos, objetivos y posibilidades.

Después de realizar los ejercicios de relajación, es bueno tomarnos un tiempo para reflexionar sobre cómo nos sentimos y sobre nuestras emociones aflictivas y sus causas, si las tenemos. El análisis será tanto más certero cuanto más repetitivos sean sus resultados a lo largo del tiempo y coincidentes con nuestra valoración global.

Conocer los motivos de cada sentimiento aflictivo, para saber reconducirlos

> *Conocer no es suficiente. Hay que saber aplicar.*
> Pensamiento taoísta

Más que tratar de recordar los aspectos positivos que toda emoción o sentimiento posee, aunque sea aflictivo (miedo, ansiedad, ira, estrés, etc.), a continuación, vamos a analizar y valorar qué existe detrás de cada emoción aflictiva cronificada y a conocer qué aspectos pueden ayudarnos a gestionarlas.

Veamos algunos ejemplos.

El miedo

> *Con miedo es imposible ser feliz.*

Es probablemente la emoción más antigua, intensa y valiosa de la humanidad, pues nos permite detectar y evitar peligros que pueden acabar con nuestra vida. Pero el miedo también es causa de infelicidad, porque nos inmoviliza, nos acobarda, nos hace esclavos, impide nuestra evolución y felicidad.

¿A qué tenemos miedo? Quizá la primera respuesta sea… a pocas cosas; no obstante, cuando reflexionamos un poco, caemos en la cuenta de que, en realidad, tenemos muchos miedos. Los dividiremos en causas:

– Inconscientes, ancestrales, genéticos, automáticos, pues se producen antes de que podamos aprenderlo, y tengamos experiencias anteriores que nos lo recuerden. Hablamos, por ejemplo, de miedos a los ruidos (truenos, rugidos, ladridos, relinchos), a la oscuridad, a la luz repentina (relámpagos), a determinadas texturas frías y lisas (como la piel de las serpientes), etc.
– Conscientes, o aprendidos. Todos los demás.

Los conocimientos actuales, fundamentados en los modernos estudios de neuroimagen, confirman esta clasificación, ya que existen miedos «automáticos» o inconscientes, activados por la amígdala y otras zonas del sistema límbico.

Cuando el miedo no es inmediato, se activan determinadas partes de la zona baja de la corteza prefrontal, relacionadas con la toma de decisiones complejas.

Parece que la corteza frontal ayuda a contener los mecanismos más primitivos del cerebro y que la pérdida de esta reflexión o regulación podría explicar por qué las personas con ataques de pánico reaccio-

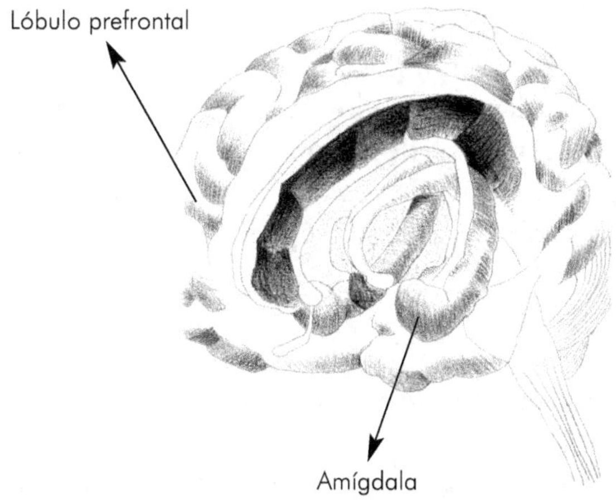

Figura 25. El sistema límbico da respuesta a los miedos automáticos, inconscientes. El lóbulo prefrontal, a los reflexivos o conscientes.

nan de manera desmesurada ante situaciones que no implican un peligro inminente.

Para Krishnamurti, uno de los autores que más ha profundizado en el conocimiento y las motivaciones de los miedos, existen unos pilares que los sustentan:

- *La comparación*. El miedo aparece cuando nos comparamos con otros, que pueden ser superiores a nosotros en riqueza, conocimientos, fuerza, belleza, etc. Con esta comparación nuestro *ego* saldrá lesionado.
- *La pérdida*. El segundo concepto que nos produce miedo. Miedo a perder cualquier cosa física que tengamos (personas queridas, salud, casa, trabajo, dinero, estatus, joyas…).
- *El pasado y el futuro*. El miedo nace fundamentalmente de trasladar un determinado hecho del pasado al presente, recordando las cosas como ocurrieron entonces, o al futuro, pensando que volverán a repetirse las circunstancias que condujeron a determinado desastre.

  Así utilizada, «la rueda del tiempo» es un enorme generador de miedos. «¿Qué pasará si…? ¿Y si además…?»
- *Los cambios*. Políticos, económicos, de conocimientos, laborales, sociales, etc. En un mundo globalizado donde los cambios son la constante, adaptarse a ellos puede ser una fuente de miedo.
- *Las diferencias* étnicas o de nacionalidad, pensamientos, partidos, religiones, etc., nos hacen ver a los «otros» como potencialmente peligrosos, y con ello abrimos la puerta al miedo para que acuda en nuestra «defensa».

El miedo es un árbol que tiene muchas raíces,
muchas ramas y muchas hojas.

Tenemos que identificar el miedo como uno de los grandes obstáculos de nuestra vida, y aunque no podamos hacerlo desaparecer completamente, sí podemos aprender a gestionarlo.

Las soluciones «externas» contra el miedo basadas en la seguridad, la policía, el ejército, los guardaespaldas, etc., pueden ser una solución parcial, pero tenemos que buscar seguridad en «soluciones internas». Debemos descubrir que el miedo es algo inherente a nosotros, que ha dejado su huella en nuestro pasado, que parece que no podemos escapar de él, y que la mejor forma de minimizarlo es conocer cómo se produce, buscar su origen, analizarlo, afrontarlo y racionalizarlo cuando sea posible (pues existen miedos irracionales). Ése es el camino.

Los budistas consideran que el *ego* y la *posesión* son los causantes de muchos de nuestros males. En el caso del miedo no deja de ser cierto, pues si no estamos excesivamente ligados a un ego mayúsculo y a posesiones materiales excesivas, nuestras posibilidades de miedo a perderlas caen en picado.

Ayuda mucho *«centrarnos en el presente»*. El *carpe diem*. En el presente no existen la mayoría de los miedos que tememos y que probablemente no se producirán. Los sufrimos de manera inútil. Nuestras palabras y nuestros pensamientos son los que crean el miedo.

También ayuda el concepto de *«unidad»*, entendido como el hecho de que todos formamos parte de un *mundo global*. Analizar así las cosas crea menos miedo (a lo desconocido, a las diferencias, a los cambios…). Vivimos una época de incertidumbre, en la que la mujer y el hombre tienen miedos casi infinitos: a perder el trabajo, el sueldo, la pareja, el piso…, miedo a la globalización, a las diferencias, etc. Debemos intentar unirnos a la «unidad global», sentirnos como una pequeña parte de una sola totalidad, para evitar mayores diferencias y mayores miedos.

El miedo es una característica consustancial del ser humano, pero tenemos toda la vida para practicar, si no su desaparición, al menos su modulación.

Si meditar es concentrarte en algo sin permitir la aparición de pensamientos distintos, la meditación, la relajación y la actividad que precise de una gran concentración pueden ser muy útiles en la lucha contra el miedo, al igual que la comprensión de cómo y por qué se produce.

La ansiedad

> *La ansiedad mira al futuro*
> *con un miedo indeterminado.*

Es prima hermana del miedo, del que se distingue precisamente por su «indeterminación». A diferencia de éste, la ansiedad no tiene enemigos identificables, con cara y ojos, como al compañero de trabajo, la crisis, que nos abandonen, la hipoteca, la deslocalización, etc. Sencillamente, espera lo peor, en cualquier momento, sin saber de dónde vendrá el golpe. En los estados de ansiedad, el cerebro codifica como peligroso algo que, en realidad, no existe y envía los mismos mediadores, como si el peligro fuera evidente.

La ansiedad se incrementa en situaciones puntuales: separaciones conyugales, pérdida del trabajo, pérdida de apoyo social, etc.

Al igual que el miedo, en una primera fase, la ansiedad puede ser beneficiosa, pues también intenta evitarnos posibles peligros. Pero la persistencia del estado de hiperalerta la transforma en nociva. Nos causa cansancio, lentitud de reflejos, insomnio, falta de apetito, recelos, empeora nuestro rendimiento, y puede transformarse en cuadros muy diversos.

Conocer cómo se produce ayuda a encontrar una solución, junto con:

- Los ejercicios de relajación y meditación: cualquiera de ellos puede ayudar en la solución.
- El *carpe diem:* el centrarnos en aquello que hacemos como si fuera lo único posible en el mundo. El no intentar «predecir» el futuro, no preocuparse por cosas que probablemente nunca ocurrirán; y si se presentan, ya nos ocuparemos de ellas. El cambiar la preocupación por la ocupación consciente.
- Los fármacos ansiolíticos, utilizados con supervisión médica.

El estrés

*El estrés carga con el fardo
del pasado y del futuro.*

La palabra «estrés» deriva de la latina *estringere*, que significa tensar, apretar, presionar. Podemos definir el estrés como la percepción de no contar con los recursos necesarios para afrontar con éxito las exigencias de la vida profesional, familiar o social en un momento determinado, como la incapacidad para dar respuesta a las exigencias cotidianas.

Hoy en día, parece obligado vivir con cierto grado de estrés. En proporciones moderadas, el estrés nos ayuda a incrementar nuestro rendimiento. Pero como si de una cuerda se tratase, si ésta se aprieta mucho o se rompe, nuestro rendimiento cae en picado.

Los métodos utilizados para mejorar los sentimientos de miedo y de ansiedad (ejercicios de relajación, meditación, vivir el presente en lugar del pasado o del futuro...) aportan también beneficios para la persona estresada.

La tristeza

Esta emoción aparece en estados de frustración, por no haber logrado los objetivos que nos habíamos propuesto, o por perder a personas, amistades, objetos, trabajos, etc. Los momentos de tristeza que experimentamos a lo largo de la vida son numerosos.

La tristeza puede cronificarse cuando la disociación entre los objetivos pretendidos y los logrados difiere ampliamente.

Como todas las emociones aflictivas, tiene aspectos positivos, por ejemplo, nos hace sensibles a las pérdidas de los demás e incrementa nuestra capacidad de experimentar sentimientos.

El intentar adecuar nuestros objetivos a las posibilidades y circunstancias del momento, así como disminuir nuestros sentimientos de ego y posesión, puede ser parte de su solución.

La depresión

Si la ansiedad mira al futuro, esperando situaciones negativas a nuestros intereses, la depresión analiza el pasado también desde una perspectiva negativa.

No importa las cosas positivas que haya hecho.
Si hay alguna mala, ésta emerge en los pensamientos
de la persona depresiva como el aceite
que flota en el agua.

La depresión es muy frecuente, y es consecuencia de la mezcla de muchas emociones aflictivas: miedo, ansiedad, estrés, tristeza, etc. La mayoría de personas depresivas precisan ayuda especializada, acompañada de tratamientos farmacológicos y una terapia que les enseñe a interpretar la realidad de una forma más equilibrada.

La ira

Es una demostración de fuerza que aparece en momentos puntuales, que busca la intimidación del oponente, esté o no presente, y que sólo nos beneficia en contadas ocasiones.

Suele aparecer en condiciones de máximo estrés y se manifiesta con una enorme agresividad hacia la persona que creemos causante de nuestra desgracia.

Las causas deben buscarse en el tipo de personalidad del individuo iracundo, quien, por lo general, presenta estas características:

- Impone su voluntad. Ve claramente sus derechos, pero minimiza los de los demás y sus propios deberes.
- No tolera la crítica ni el desacuerdo. El desencadenante nunca está provocado por él: «Si el otro hubiera hecho lo debido...».
- Confunde deseo con obligación, como si los demás tuviesen la

obligación de hacer realidad sus deseos. Emplea frases tipo: «*Deberían* haber hecho esto o aquello…».
- Suele creerse víctima del mal comportamiento de los demás. Siempre son los demás los que deben cambiar.

Las consecuencias no importan si la ira se manifiesta o se reprime, siempre es dañina:

- Deteriora las relaciones con las demás personas y puede crearnos verdaderos problemas, por lo imprevisible de las consecuencias de los episodios de violencia.
- No suele cambiar la conducta de los demás, y si lo hace, es por miedo, no por convencimiento.
- Incrementa los episodios de cardiopatía isquémica, hipertensión arterial, accidentes vasculares y lesiones traumáticas, entre otros.

A lo largo de la historia, muchos pensadores han opinado sobre la ira y sus consecuencias:

- «El hombre que fácilmente monta en cólera puede ser provocado hacia la furia e inducido hacia la muerte», *Tu Yu,* general oriental, siglo II aC.
- «Los expertos en combate no se encolerizan. Los expertos en ganar no se asustan. Así, el sabio gana antes de luchar, mientras que el ignorante lucha para ganar», Zhuge Liang, *El arte de la Guerra.*
- «No es más fuerte el más forzudo, sino el que se controla cuando está enojado», palabras del profeta Mohammed.
- «Los demás me insultan, pero yo no recojo el insulto», Buda.
- «Una respuesta suave calma el furor, una respuesta hiriente incrementa la ira», la Biblia de Jerusalén, Proverbios 15:1.
- «El tardo en la ira tiene una gran prudencia. El de genio pronto pone de manifiesto su necedad», la Biblia de Jerusalén, Proverbios 14:29.

El primer paso para controlar la ira es entender las causas de su presencia y sus consecuencias:

- Los episodios de ira no suelen beneficiarnos.
- El responsable de la ira es uno mismo y no los demás.
- La causa está en nuestra forma de pensar e interpretar los hechos, no en los hechos en sí.
- Nos percibimos a nosotros mismos como víctimas y tachamos de presuntos culpables a los demás.
- Debemos aprender a no tomarnos la justicia por nuestra mano.
- En la infancia, hay que sentar las bases para el autocontrol por la vía de demorar la respuesta, esperar el premio y evitar la inmediatez. El adulto debe aprenderlo, si no lo hizo en su momento.
- Debemos detectar los síntomas que preceden a la pérdida de control y poner soluciones (bajar el tono de voz, sentarse si se está de pie, poner las manos en los bolsillos y no bracear, evitar gestos amenazantes como apuntar con los dedos, etc.).

Variantes de la ira

La ironía, el sarcasmo, las rabietas, las protestas continuadas… son variantes de la ira que, aunque no se manifiesten con la misma intensidad, deben moderarse.

> *Si no alimentamos nuestro amor… morirá.*
> *Si no alimentamos nuestra ira… también morirá.*

El odio

Ésta es la emoción más inútil de todas, ya que nunca nos beneficia.

La persona a la que odiamos no sufre por ello, en cambio, nosotros somos el blanco de sus consecuencias. Es como si el mal que se desea para determinada persona cayera sobre nosotros.

El odio nos condena a vivir una vida reactiva que tiene su centro fuera de nuestro control. Por eso es bueno eliminarlo. Realmente, no es un sentimiento recomendable. En última instancia, es mucho mejor cambiarlo por la indiferencia.

La envidia

> *La envidia está amarilla y flaca*
> *porque muerde y no come.*
> Francisco de Quevedo

Es un sentimiento enrevesado que tampoco aporta beneficios personales, y uno de los más destructivos. La envidia no está provocada por no conseguir algo, sino porque otro sí lo ha logrado.

El deseo se dirige al objeto, la envidia al poseedor. El envidioso prefiere que el bien se destruya antes de que lo posea el otro. Un claro ejemplo es la historia de las madres de Salomón. Si yo no tengo al niño, tú tampoco lo tendrás.

El envidioso, decían los clásicos, está condenado a odiar de forma inextinguible.

La solución pasa por aprender a amar al envidiado, o como mal menor, por ignorarlo.

La culpa

Otro sentimiento inútil y muy dañino, cuya vivencia no nos mejora a nosotros, ni a los demás. En todo caso, como línea de mejora, nos propone no volver a equivocarnos.

Es muy útil entender la culpa como un sentimiento de responsabilidad, de aprendizaje no resuelto en el camino de la vida, así como diferenciar siempre el hecho punible de la persona que lo ha realizado.

Perdonar y perdonarnos es una buena forma de minimizarla. Aceptar que somos humanos, que nos hemos equivocado y que podemos volver a intentarlo.

La solución pasa por aprender a perdonarnos a nosotros mismos, lo que nos obliga, a su vez, a perdonar a los que nos ofenden.

> *El perdón es la luz. Las emociones negativas como*
> *el odio, la rabia o el descontento son parte de*
> *la oscuridad.*
> Xiuran Xue[1]

Lo más razonable es acercarnos a aquello que nos aportan las emociones aflictivas, buscar la manera de que nos hagan el menor daño posible y ocupen también el menor tiempo posible en nuestras vidas.

> *Es más fácil cambiar tus emociones*
> *que las emociones de los demás.*

Seleccionar las fuentes de los impactos emocionales. Detectar el «vampirismo emocional»

> *Dime con quién andas y te diré quién eres.*

Este aforismo sintetiza lo que queremos significar: que es preciso seleccionar nuestra fuente de impactos emocionales.

Dime con quién andas, hablas o discutes, qué estudias o lees, qué programas de radio y de TV consumes, qué sitios web utilizas con más frecuencia y te diré quién eres...

---

[1] Periodista china entrevistada en «La Contra» de *La Vanguardia,* «La Generación Mao», de 19 de septiembre de 2009.

Nuestra mente está sometida a un intenso bombardeo desde que despertamos hasta que nos acostamos. A lo largo del día, el cerebro recibe trillones de impactos y mensajes, en forma de anuncios, palabras, canciones, lecturas, imágenes... No le damos ni un momento de respiro. De hecho, ni cuando dormimos, pues seguimos soñando con imágenes y sonidos durante una buena parte de nuestro descanso nocturno.

Actualmente, no ponemos en duda que debemos seleccionar los alimentos y bebidas que tomamos, si queremos tener una salud óptima. Pues bien, no tiene sentido que seleccionemos lo más conveniente para nuestra salud física y no hagamos lo mismo con las fuentes de los impactos emocionales que recibimos.

Debemos seleccionar los estímulos emocionalmente saludables para tratar de potenciarlos, y detectar las fuentes de noticias, imágenes, pensamientos y personas que «vampirizan» las emociones. «Vampiros emocionales» es una expresión muy grafica, ya que al fin y al cabo «chupan» nuestra energía.

La idea de seleccionar las fuentes de los impactos emocionales tampoco es nueva. Los eremitas o anacoretas buscaban el alejamiento de estímulos y de personas para tener más tiempo que dedicar a los estímulos emocionales que ellos querían, en este caso sus pensamientos místicos y religiosos.

Hemos de ser conscientes de este exceso de estímulos vampirizantes y buscar más «tiempo vacío» de impactos emocionales.

Tenemos que aprender a seleccionar trabajos, actividades de ocio y amigos. Evitar personas conflictivas, cuyas opiniones son vertidas como dogmas y no como punto de encuentro modificable con la aportación de los demás. Evitar también personas y medios poco respetuosos e intolerantes, que generan continuamente confrontación, odio y emociones aflictivas. Todos deben tener una primera oportunidad, pero no todos se merecen una décima. No tenemos tanto tiempo como para perderlo en actividades de ocio degradantes, en medios alienantes, con personas rencorosas, mentirosas, envidiosas, intransigentes, dogmáticas, racistas, fundamentalistas, con eternas discusiones, que desde el fanatismo no están dispuestas a modificar sus puntos de vista. Podemos sembrar en mejores terrenos. Nuestra salud mental lo agradecerá.

Retardar la respuesta emocional

A mayor edad, la experiencia emocional es más amplia. En muchas ocasiones, las respuestas emocionales son demasiado precipitadas, muestran falta de madurez, de ponderación, son irresponsables e inoportunas. Estas respuestas suelen costar caro: discusiones, pérdida de amistades o laborales, peleas, problemas conyugales y un largo etcétera. Pueden tener su origen en respuestas emocionales inadecuadas, que no sólo no nos ayudan, sino que son la causa de los problemas.

Las causas de estas respuestas emocionales «poco reflexionadas» o impulsivas hay que buscarlas quizás en la anatomía.

Recordemos cómo se producen las emociones (véanse las figuras 22 y 25). El tálamo actúa de «repartidor» de los estímulos captados por los sentidos, y desde allí éstos son enviados por una vía más corta y rápida a la amígdala y, posteriormente, al lóbulo frontal.

Esta vía directa es «inconsciente» porque responde antes de que pueda hacerlo el neocórtex; permite que reaccionemos de manera automática y con ello salvemos nuestra integridad al responder unos segundos antes, pero cruciales, ante agresiones de las que todavía no somos conscientes (un objeto que puede golpearnos, un peligro que todavía no vemos, un contacto contra una superficie que posteriormente etiquetaremos de peligrosa, etc.).

Esta vía es capaz de desencadenar una respuesta automática, rápida, inconsciente, que puede perdurar y eliminar la respuesta razonada del neocórtex, cuando ésta ha sido tomada. Esto nos beneficia en aquellas ocasiones en las que unas décimas de segundo pueden poner en peligro nuestra existencia; sin embargo, nos perjudica en muchas otras, pues no todos los peligros etiquetados de esa forma por la amígdala son reales, y dan lugar a respuestas emocionales impulsivas y demasiado primarias, que pueden crearnos enormes problemas en forma de agresiones, gritos, peleas, amenazas, etc.

Que nuestras respuestas sean predominantemente impulsivas o bien todo lo contrario, reflexivas y meditadas, depende incluso de nuestra genética y de la forma en la que hemos sido educados en los primeros años de vida.

El psicólogo Walter Mischel hizo un experimento con niños de cuatro años para determinar el valor del retardo en la respuesta emocional. Les daba un caramelo y les decía que aquellos que no se lo comieran hasta que él volviera, dentro de poco tiempo, recibirían otro. Posteriormente, hizo un seguimiento de los niños, y detectó que aquellos que habían «resistido el impulso» de comerse el caramelo hasta su vuelta y habían cumplido mejor las órdenes, aguantaban mejor la presión de la vida normal, eran más autónomos, más responsables, mejor adaptados al medio escolar y tenían una mejor predisposición hacia el futuro que los otros. Esta demora de la respuesta emocional puede interpretarse como un cierto predominio de la respuesta cortical sobre la del cerebro límbico. Las personas que no pueden esperar a merecer la gratificación antes de obtenerla, controlan peor sus impulsos y tienen una mayor tendencia a los «problemas».

Sabemos que una respuesta o una acción inadecuadas pueden arruinar años de conducta ejemplar. ¿Podemos hacer algo para aprender a demorar nuestras respuestas emocionales? Es difícil, pero podemos intentarlo:

- Realizar ejercicios «preventivos» de relajación y meditación, cuantos más mejor. Sirve cualquiera de los comentados anteriormente.
- Saber que muchos de estos estados se inician con un pensamiento de agresividad. Debemos eliminarlo por otro no agresivo y no pasar a la palabra.
- Utilizar elementos externos que actúen como «anclajes» (llevar pulseras de determinado color, el reloj en la muñeca cambiada,

etc.), cuya presencia repetida nos recuerde que debemos adoptar estados emocionales más tranquilos.

— Detectar los síntomas que preceden a la respuesta emocional inadecuada, como la ira o la cólera (respiración acelerada, palpitaciones, tensión muscular), para intentar distintas soluciones:

- Si estamos levantados, sentarnos.
- Si gritamos o elevamos el tono de voz, bajarla.
- Si agitamos los brazos, recogerlos a lo largo del cuerpo o mejor detrás de el, o poner las manos en los bolsillos.
- Si tenemos los puños cerrados, abrirlos.
- Si miramos con odio, desviar la vista hacia el suelo.
- Si respiramos rápidamente, ralentizar la respiración.

Todo puede aprenderse, aunque nos cueste muchos años... El saber popular nos avisa:

Cuenta hasta diez... o mejor hasta cien.

Valorar la importancia de los pensamientos en la generación de emociones y sentimientos

Hemos visto cómo a través de nuestros cinco sentidos y de nuestros pensamientos, la mente es capaz de liberar distintos neurotransmisores cerebrales que crean sentimientos y emociones, y éstas, a su vez, producen acciones.

Los pensamientos como forma de energía

Desde este punto de vista, los pensamientos son una forma de energía que activa la mente y desencadena procesos bioquímicos que se traducen en sentimientos, emociones y acciones.

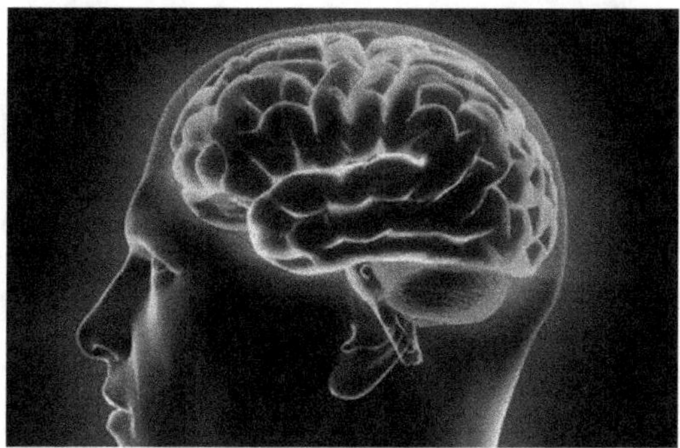

Figura 26. Los pensamientos pueden considerarse una forma de energía.

Los pensamientos consiguen lo mismo que, por ejemplo, la energía lumínica que nos permite ver, o las ondas sonoras que nos permiten oír, o la energía por presión que nos permite sentir, en cuanto a la creación de emociones y sentimientos.

Así pues, podemos considerar las ideas y los pensamientos una forma distinta de energía que la mente puede activar y con ello modificar sus emociones, sus sentimientos, sus estados de ánimo y provocar acciones.

Utilización de la energía de los pensamientos y las ideas

Las ideas y los pensamientos son generadores
de emociones y sentimientos infinitos.

Somos los dueños de nuestros pensamientos en todo momento y lugar. Quizás es lo único que tenemos libre, aunque estén mediados por nuestro pasado y los estímulos que nos rodean que intentan reconducirlos.

Debemos «aprender a descubrir» la fuerza del pensamiento y ser conscientes de que la diferencia fundamental entre los seres humanos y los animales se centra en nuestra corteza cerebral y en su capacidad para pensar e imaginar.

Dos premisas nos ayudan a entenderlo:

- Las causas de los distintos estados mentales se inician con las ideas y los pensamientos.
- Nada es permanente. Si creamos las condiciones apropiadas, podemos dirigir la transformación de nuestro estado de ánimo.

> *Si cambiamos las condiciones del pensamiento*
> *podemos cambiar estados de conciencia y las actitudes*
> *y emociones que de ellas resultan.*
> *El pensamiento puede «transmutar» la realidad.*
> Buda

La secuencia está clara: *pensar — sentir — actuar.*

Como cualquier tipo de energía, la del pensamiento no es en sí misma buena o mala, depende de cómo la utilicemos.

Una idea o un pensamiento pueden hacernos felices y ayudarnos a conseguir unos objetivos, o pueden obsesionarnos y alterar nuestro comportamiento.

Debemos tener clara la secuencia: lo que pienso, sea positivo o negativo, condiciona de la misma manera lo que siento, lo que digo, lo que hago, y las consecuencias que este pensamiento me reportará.

Este aforismo de William Shakespeare sigue teniendo validez en nuestros días:

> *O conducimos nuestra mente,*
> *o ella nos conducirá a nosotros.*
> W. Shakespeare

Recuerdos, ideas e imaginación tienen localizaciones diferentes

Las ideas, los pensamientos, los recuerdos y la imaginación son formas de energía que se localizan en diferentes lugares de la corteza cerebral.

Somos lo que recordamos
y también lo que olvidamos.

Los recuerdos se almacenan en el hemisferio izquierdo. La imaginación crea imágenes, no recrea las del pasado, como en el caso de los recuerdos. La imaginación y las ideas se crean en el derecho. El buen uso del encéfalo requiere un equilibrio entre ambos hemisferios.

Los recuerdos y la imaginación pueden utilizarse para crear emociones no aflictivas o, por el contrario, alimentar tendencias y estados de ánimo aflictivos.

- **El ejemplo de los recuerdos**
  Los recuerdos son fuentes emocionales muy importantes (fotografías, películas, vídeos, canciones, vestidos, regalos, olores…). Forman parte de nuestra vida y podemos activarlos siempre que queramos. Pueden actuar como un desencadenante que nos lleva a momentos vividos de felicidad, placidez, amor, o también a momentos de tristeza, a sentimientos de culpabilidad, y de otras emociones y sentimientos aflictivos.

Dos monjes zen trataban de avanzar por
un camino lleno de barro, anegado por las
grandes lluvias, cuando se encontraron con una
hermosa muchacha que trataba de cruzar un charco.
El mayor de los monjes, un hombre entrado
en años, tomó a la mujer en sus brazos y la
pasó al otro lado. Después siguieron caminando.
Pero el monje más joven estaba silencioso y cabizbajo.
Pasaron muchas horas. Ya era casi
de noche cuando el muchacho
se enfrentó con su maestro:
«A los monjes no se nos permite tocar a las
mujeres —le echó en cara, afligido y furioso».
«Querido hijo mío —le dijo el monje mayor,

> *sonriendo con dulzura—, qué pesados son tus*
> *recuerdos. Yo dejé a esa mujer en el camino*
> *hace ya muchas horas, y tú todavía*
> *la llevas encima.»*

La memoria no conserva lo vivido, sino que selecciona lo recordado. Su misión es excluir hechos no conservados. Es algo parecido a lo que sucede con la fotografía: no plasma toda la realidad, sino que selecciona o enfoca una parte de ella y la reproduce.

Vivir aferrados al pasado puede ser doloroso, cansado e inútil.

Al igual que las relaciones personales positivas, la amistad, la confianza y el amor, deben «regarse», si no regamos nuestros recuerdos también se marchitan y pierden fuerza.

La memoria de las emociones y los sentimientos vividos es nuestra identidad y se renueva con las emociones y los sentimientos de cada día.

> *Para ser feliz se precisa una buena salud...*
> *y una mala memoria.*

- **La imaginación al poder**
  Sabemos que cualquier pensamiento que percibamos como una amenaza, que nos induzca un estado de alerta continuada o de desconfianza en el medio, en nuestras propias fuerzas o en el futuro, generará en nuestro organismo una descompensación en forma de enfermedades psicosomáticas o mentales. Numerosos estudios científicos lo confirman, y empezamos a tenerlo en cuenta en nuestra vida diaria.

> *Cuando te venga algo a la mente que no te haga*
> *bien, lo sustituyes por algo bueno con rapidez.*
> Severiano Ballesteros[2]

---

[2] Golfista español (Cantabria, 1957).

Confirmada, pues, la premisa de que un tipo de pensamiento «equivocado» genera descompensaciones psíquicas y enfermedades, es más fácil aceptar que cualquier pensamiento que sea interpretado como positivo ha de tener efectos beneficiosos para la salud física y mental, siempre y cuando le demos tiempo suficiente y trabajemos para que fructifique.

Podemos crear determinados estados de ánimo con las cosas que imaginamos. Basta con pensar en el ejemplo del zumo de un limón exprimido y depositado gota a gota sobre la lengua, para que aumente nuestra salivación.

Podemos aprender a crear distintos estados de ánimo a voluntad: estar aburridos-divertidos, descansados-cansados, enfadados-contentos, nerviosos-relajados, sonrientes-llorosos, etc.

Cualquier cosa imaginada puede transformarse en real. Seguro que será necesario un buen trabajo posterior, pero la imaginación, bien elaborada, nos ayudará a ello, pues más del 90 % de las sinapsis o uniones entre las neuronas cerebrales que se crean son consecuencia de situaciones imaginadas. Para ello, también es necesario preparar de manera idónea a nuestra mente.

Lo primero que necesitamos saber es qué queremos lograr. Después, deberíamos seguir estos pasos:

— *Un período de relajación.* Utilizar alguna de las técnicas respiratorias descritas durante unos minutos para hacer más receptivo nuestro hemisferio derecho.
— Una vez relajados, realizar *ejercicios de visualización:* imaginar aquello que deseamos obtener (control de una situación, mejoría de un estado físico, incremento de determinadas habilidades, etc.), y añadir a la visualización el estado físico que se precisa para lograrlo o somatizarlo (aportando el tipo y frecuencia de la respiración, tono de voz si hablamos, velocidad con la que nos movemos, expresión de la cara, etc.). Todo ello debe durar entre 1 y 5 minutos.

– Repetir esta secuencia a lo largo del día, tantas veces como nos sea posible.

- **El teatro como ejemplo**
  Un ejemplo extraído del teatro puede ayudarnos a comprender mejor esta secuencia de fases:

– *Relajación*

El actor llega a su camerino con la imagen, los pensamientos y las actitudes que le son propias como persona. Se siente cansado y un poco nervioso porque el denso tráfico le ha hecho llegar con unos minutos de retraso sobre la hora prevista. Pero poco a poco, sufrirá una metamorfosis que lo convertirá en su «personaje».

Nuestro actor se quita su vestimenta y se pone la que corresponden a su «rol», mientras se tranquiliza, se relaja y va entrando en su personaje.

> *Las ropas hacen al hombre, pero también al actor.*
> *Tú sólo tienes que memorizar las frases y vestirte*
> *como tu personaje; luego, verás que sólo puedes*
> *comportarte de una manera, al caminar, al hablar,*
> *al pensar. Estás transformado en tu personaje.*
> Sir Lawrence Olivier

– *Visualización-somatización*

Pero no sólo la ropa ha de cambiar para protagonizar una buena representación. Poco a poco, el actor ha de abandonar sus pensamientos en el camerino y tomar los de su papel. A partir de un determinado momento, sus pensamientos ya no son los suyos propios, sino los de su personaje. Ahora ya piensa, por ejemplo, como un viejo y bondadoso rey que lucha por el bienestar de su pueblo.

Para llegar a la interpretación queda un largo camino por recorrer. Ésta no debe quedarse en una burda imitación. Los sentimientos del actor deben correr paralelos a los de su personaje. Su voz suena más segura y sosegada, su respiración es tranquila y profunda, su cara refleja paz y bondad, sus gestos son amplios, lentos y majestuosos. Aquí y allí entona y levanta la voz, después es un débil y matizado susurro...

Si su papel debe irradiar seguridad y alegría, puede mentalizarse o imaginar situaciones que le acerquen a ese estado de ánimo mediante el recuerdo de sentimientos semejantes a los que debe expresar y ya vividos con anterioridad, para intentar recordar y sentir como en aquellos momentos. Debe «mezclarse» con sus recuerdos e imaginar que ve determinadas imágenes animadas con más o menos nitidez, con los colores apropiados, que es capaz de oír las palabras, las risas, los comentarios de aquel momento. Debe recordar la calidez de los abrazos, la suavidad de las caricias, el brillo de los ojos...

Si el actor ha «entrado» en el papel ya antes de salir a escena, su aspecto debe haber cambiado. No es sólo el vestuario, sino la expresión de su cara, sus ojos, su tono de voz, su caminar, su maquillaje, todo él debe ser otro...

– *Efecto logrado*
Y mientras tanto, ¿qué ocurre en la platea? También allí se ha producido el milagro. Antes de la representación, el público tenía pensamientos y actitudes completamente dispares. Preocupados unos, melancólicos otros, alegres, tristes, exultantes, deprimidos, dicharacheros, adormilados, enamorados...

El «milagro» se ha producido al levantar el telón. Aparece el actor y dejamos que su imagen llegue al cerebro a través de nuestros ojos. Le oímos declamar, y permitimos que su voz y sus sentimientos se adueñen de nuestra mente... y todas las personas que momentos antes estaban en mundos distintos convergen ahora en uno, como delata la gran carcajada que al unísono inunda la sala.

*El cerebro, para emocionarse, en sentido aflictivo o no,
es incapaz de distinguir entre lo imaginado y lo real...*

- **Masaru Emoto y sus fotografías**
El doctor japonés Masaru Emoto ha llevado a cabo un bello experimento sobre el efecto que las ideas, los mensajes, las palabras y los escritos tienen sobre la estructura de las moléculas de agua.

  Para ello, congela agua pura y la fotografía con un microscopio electrónico de campo oscuro. Si la expone a mensajes y palabras que expresan sentimientos o emociones no aflictivos, como bondad, amor, gratitud o paz, obtiene imágenes con hermosos hexágonos, con tupidas y bellas geometrías; por el contrario, si la expone a rotulaciones con mensajes emocionales aflictivos, como odio, maldad, enfermedad o desprecio, aparecen cristales deformes e irregulares.

Figura 27. Según Masaru Emoto, las fotografías de los cristales de agua congelada son distintas en función de las influencias emocionales a las que se los somete.

Si estos sorprendentes trabajos de Masaru se confirmaran, reforzarían las evidencias que demuestran que para los humanos nada hay tan poderoso como la imaginación y los pensamientos.

> *Cuida tus pensamientos porque se volverán palabras.*
> *Cuida tus palabras porque se transformarán en actos.*
> *Cuida tus actos porque se convertirán en costumbres.*
> *Cuida tus costumbres porque forjarán tu carácter.*
> *Cuida tu carácter porque creará tu destino.*
> *Y tu destino será tu vida...*
> Mahatma Gandhi

Valorar la importancia de las acciones

La relación entre emociones y sentimientos y acciones es semejante a una ecuación bidireccional, en la que las emociones y los sentimientos se transmutan en acciones y viceversa.

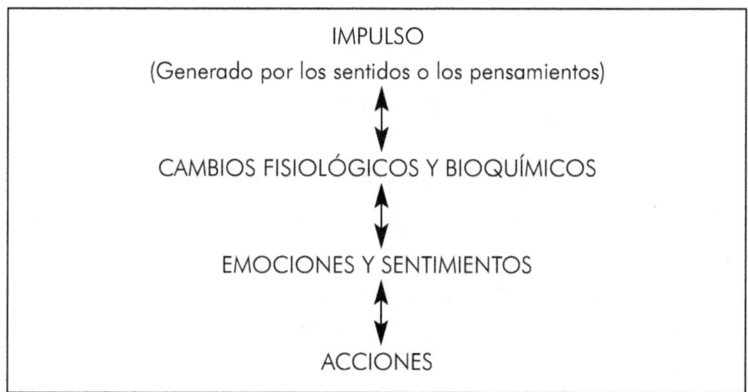

Figura 28. Los pensamientos conllevan cambios en el cerebro que determinan la aparición de emociones y sentimientos que se transforman en acciones.

Esto significa que las emociones y los sentimientos predisponen a determinadas acciones, que son en parte consecuencias de éstos, y también que determinadas acciones darán paso a nuevas emociones y nuevos sentimientos.

Para evitar emociones y sentimientos aflictivos, realizar determinadas acciones puede ser una solución. Mejor aún si la actividad cumple determinados requisitos:

— Es voluntaria.
— Su realización es gratificante y divertida.
— Precisa una concentración máxima (con los cinco sentidos), que evita cualquier pensamiento distinto al que necesita la actividad que realizamos.

Leer, escribir, correr, cocinar, practicar un deporte, realizar tablas de relajación, escuchar música, tocar un instrumento, cantar, hacer el amor... Cualquier actividad que precise y capte nuestra atención plena, centrándonos en ella totalmente, modificará nuestros pensamientos y sentimientos previos.

> *Me curé ignorando las voces. Las oía, pero llegó*
> *un momento en que ya no les hacía caso.*
> *Hacía con empeño otras cosas.*
> John Forbes Nash Jr.[3]

Las declaraciones del premio Nóbel de Economía, John Nash, afecto de esquizofrenia, y sobre el que se filmó una película *(Una mente privilegiada)* sobre su enfermedad, son sólo un ejemplo, en este caso límite, de la importancia que puede tener el «realizar otras cosas» para cambiar pensamientos, emociones y sentimientos no deseados. Ojalá todos tuviéramos el poder mental de Nash. No siempre es fácil, pero vale la pena intentarlo.

---

[3] Matemático estadounidense, premio Nóbel de Economía en 1994.

Figura 29. Desarrollar una actividad física suele ser una buena solución para modificar sentimientos y emociones aflictivas.

A veces, decir «no hagas o no pienses en tal cosa» provoca justo la reacción opuesta. Por ejemplo, basta con decir «no pienses en el oso blanco», para que hagamos exactamente lo contrario y empecemos a pensar: ¿Qué estará haciendo el oso blanco?, ¿estará corriendo?, ¿comiendo?, ¿tal vez jugando?

Es mejor realizar cualquier actividad en las condiciones enunciadas.

La mejor manera de acabar una emoción negativa es generar otra de la misma intensidad y signo contrario.

Vivir de acuerdo con determinados principios y valores

La palabra «ética» deriva del vocablo griego *ethos,* que significa «costumbre». Es una parte de la filosofía que estudia el comportamiento que el ser humano debe tener para cumplir con los preceptos morales que determinan aquello que es bueno o malo, referido a una acción o decisión.

A las personas que viven de acuerdo con determinados valores o principios éticos y se educan en ellos, les es más fácil eliminar emociones y sentimientos aflictivos. Aunque no sean conscientes de ello, vivir de acuerdo con valores éticos facilita el desarrollo de la inteligencia emocional.

Las religiones como base de principios éticos

Hasta hace muy poco tiempo, las religiones eran la base de la ética personal y social (en muchas culturas todavía lo es).

La palabra «religión» deriva del latín *religere*, «releer», pues los creyentes releen sus textos sagrados y en ellos encuentran ayuda para orientar sus principios y maneras de vivir.

Por ello, las religiones han tomado en muchos momentos de la historia el papel de los filósofos y los jueces, dictando normas que finalmente intentaban favorecer las emociones, los sentimientos, la cognición, las actitudes, los valores y las acciones de las personas.

> *Si la religión no es fuente de alegría, deja de ser religión.*
> Raimón Panikkar[4]

Actualmente, las tres grandes religiones monoteístas: la judía, la cristiana y la islámica, aglutinan a la mayor parte de creyentes del mundo, junto con otras religiones sin dios, como el confucionismo, el budismo y el taoísmo.

Todas las religiones aportan dosis de amor, comprensión y perdón, junto a dificultades de comprensión y aplicación de sus principios.

Los judíos basan sus creencias en la Torá, que significa enseñanza, instrucción o ley. Es su libro sagrado y, según la tradición hebraica, fue escrito por Moisés en dictado directo de Dios, en sus cinco primeros libros o Pentateuco.

Posteriormente, otros profetas y rabinos completaron las revelaciones escritas y orales, hasta constituir el Talmud, donde encuentran sus fuentes éticas de inspiración.

---

[4] Filósofo y teólogo catalán (Barcelona, 1918-2010).

Los *mitzvot,* además de ser mandamientos divinos, recogen las normas de vida del judaísmo y constituyen una señal de identidad del pueblo hebreo. Son 613, recogidos en 14 libros, y se remontan a más de 4.000 años de historia.

El libro sagrado de los cristianos es la Biblia, que como la Torá o el Talmud, no es un solo libro, sino 73 libros: 46 corresponden al Antiguo Testamento y 27 al Nuevo Testamento.

Menos numerosos son los principales mandamientos que sus seguidores deben respetar. Se resumen en diez:

1. Amarás a Dios sobre todas las cosas.
2. No tomarás el nombre de Dios en vano.
3. Santificarás las fiestas.
4. Honrarás a tu padre y a tu madre.
5. No matarás.
6. No cometerás actos impuros.
7. No robarás.
8. No levantarás falsos testimonios ni mentirás.
9. No consentirás pensamientos ni deseos impuros.
10. No codiciarás los bienes ajenos.

El Corán es el libro sagrado del islam, cuyas creencias siguen más de mil millones de musulmanes. Para ellos contiene la palabra del Dios único, Alá, revelada a su profeta, Mahoma, por medio del ángel Gabriel, a lo largo de 22 años.

Las revelaciones se realizaron durante la vida de Mahoma, de manera oral o escrita en hojas de palmera o en trozos de cuero. A la muerte del profeta, en el año 632 dC, sus seguidores comenzaron a unir estas revelaciones, que tomaron forma en el Corán, que consta de 114 capítulos o azoras y que fue concluido entre los años 650 y 656 dC.

En el Corán, aparecen personajes que también se recogen en los libros sagrados de los judíos y los cristianos: Adán, Noé, Abraham, Moisés, Jesús de Nazaret y Juan Bautista, que son mencionados como profetas islámicos.

Los mahometanos consideran a los judíos y a los cristianos compañeros de fe, que creen en el mismo Dios.

Para los islamistas, el Corán es eterno, ya que es un texto incorrupto y divino, dictado directamente por Alá, a diferencia de la Torá o la Biblia, que fueron objeto de traducciones humanas erróneas.

El Corán sienta sus bases en cinco pilares:

1. Sólo hay un Dios y Mahoma es su profeta.
2. Todos los días se debe rezar en cinco ocasiones.
3. Se debe dar una parte del salario para los más necesitados.
4. Se debe ayunar periódicamente (Ramadán).
5. Se debe peregrinar a la Meca, si es posible, por lo menos una vez en la vida.

Influencia de las religiones sin Dios

También existen religiones sin un concepto tan definido de Dios, que dan a sus seguidores consejos, principios, valores y guías prácticas para conservar su salud física y mental.

- **El confucionismo**
  Los seguidores de Confucio basan sus creencias, principalmente, en una ética que define su estilo de vida, de respeto individual y colectivo.

  Confucio entró en China después de muchos años de dinastías corruptas, y propuso la ética y la mejora individual como estilo de vida que había que seguir.

- **El budismo**
  Creado por Buda en el siglo VI aC, es una religión sin Dios. Valora mucho la capacidad de *controlar la mente*, la búsqueda de la *bondad* y la *compasión*, entendida como una manera empática

de ponernos en los zapatos de nuestro prójimo, entendiéndole, perdonándolo y olvidando sus ofensas.

Dado que su finalidad principal es evitar el sufrimiento, y entiende que las pérdidas de bienes, personas y honores están en la base del mismo, recomienda el desapego a las cosas y a las personas, lo cual no significa ignorarlas o no ayudarlas a que consigan sus objetivos. Aconseja no centrar la vida en aquello que signifique magnificar el *ego* y las *posesiones* materiales, así como huir de los extremos y buscar *el punto medio* de equilibrio de las cosas.

- **El taoísmo**
Ideado por Lao Tse, contemporáneo de Buda. Sus enseñanzas y pensamientos, que tampoco se fundamentan en la existencia de Dios, se hallan recogidos en el *Tao Te King,* que podría traducirse por *El gran libro del camino y la virtud.*

La justicia del taoísmo la impone el «cosmos» y no siempre responde a la justicia de los humanos, más egoísta y personalizada. El tao, siendo claro, parece oscuro: a través de uno mismo, conoces a los demás.

Busca perfeccionar a la persona, extirpar los vicios, respetar a los padres, mejorar las relaciones sociales, tratar a los demás como a ti mismo, llevar una vida ordenada, adaptarse a las circunstancias, recomienda austeridad, humildad, evitar los extremos, evitar los deseos porque impiden experimentar la calma, y buscar el equilibrio entre el *yin* y el *yang.* Son principios semejantes a los de otras religiones.

Aspectos comunes de las religiones

Algunas de las religiones más importantes tienen muchos puntos en común. Veamos, por ejemplo, qué aconsejan en nuestra relación con el prójimo:

- *Judaísmo:* «No hagas a los otros lo que no quieres que te hagan a ti» (Rabino Hillel).
- *Cristianismo:* «Tratad a los demás como queréis que ellos os traten a vosotros. En esto consiste la ley y los profetas» (Mateo).
- *Islam:* «Ninguno de vosotros es creyente mientras no quiera para su hermano lo que queréis para vosotros» (Mahoma).
- *Budismo:* «Una situación que no es agradable para mí tampoco lo ha de ser para el otro» (Samyutta Nikaya).
- *Hinduismo:* «Uno no se tendría que comportar con los otros de una manera desagradable para sí mismo» (Mahabharata).
- *Jainismo:* «El hombre tendría que comportarse con indiferencia ante las cosas mundanas y tratar a todas las criaturas del mundo como le gustaría que le tratasen a él mismo» (Sutrakritanga).
- *Confucionismo:* «Lo que no quieras para ti no lo hagas a las otras personas» (Confucio).

También existen muchas otras coincidencias: respetar a Dios sobre todas las cosas (si la religión lo tiene), respetar a los padres, no matar, no robar, no mentir...

El Talmud judío tiene en común el Antiguo Testamento con los cristianos.

El Corán es un monólogo de Dios que debe interpretar cada creyente, aunque los imanes ayudan a interpretar las contradicciones que han aparecido a lo largo de los más de 1.400 años de historia. En el Corán, la palabra *ilm* (sabiduría) es la que aparece con mayor frecuencia, después de Alá. También habla de compasión, amistad, perdón, respeto, tolerancia y otras muchas virtudes, comunes con las otras religiones monoteístas.

Son muchos, pues, los puntos en los que coinciden las tres grandes religiones monoteístas.

La religión cristiana es un ejemplo en cuanto a los valores y las conductas que se desprenden de sus textos. En concreto, las tres virtudes teologales, cuyo objeto directo es Dios, contienen enseñanzas válidas para todos los seres humanos:

- *La fe.* Ayuda a sobreponerse a tragedias o períodos de dolor emocional o traumas emocionales. La fe disminuye los miedos y puede hacernos más libres. Vivimos en el mundo del no: no podremos, no saldrá, no vale la pena... Nos hace falta una buena dosis de fe que nos permita iniciar nuestras ideas.
- *La esperanza.* Actúa como una resistencia a las adversidades, a las que puede transformar en oportunidades.

Hasta enemigos acérrimos del cristianismo como el filósofo alemán Nietzsche hablan bien de este valor:

> *La esperanza es un estímulo vital*
> *muy superior a la suerte.*
> Fiedrich Nietzsche

y escritores como Jorge Luis Borges:

> *Después del Apocalipsis, tras la destrucción del mundo,*
> *lo que nos quedará es una cierta esperanza.*
> Jorge Luis Borges

También el Papa Benedicto XVI, en su encíclica *Spe Salvi*, dice algo que podrían suscribirlo todas las religiones monoteístas:

> *El ser humano necesita un amor incondicional*
> *que sólo Dios es capaz de dar.*
> *Quien no cree en Dios es un ser sin esperanza.*
> *Dios es la única gran esperanza que da sentido a la vida.*

- *La caridad.* Entendida como el amor y la comprensión al prójimo como a uno mismo. Es un punto de vista aceptado por todas las religiones monoteístas.

Otro buen ejemplo de «normas éticas» son los «pecados capitales» del cristianismo, enumerados por el Papa Gregorio I en el siglo VI, y que, además, ofrecen la «fórmula» para superar los estados emocionales y sentimentales que nos afligen:

- *Soberbia.* Deseo infinito de honores, necesidad de estar por encima de los demás, de sentirse superior, de hacer prevalecer una determinada razón... La *humildad* es su solución.
- *Avaricia.* Elección de la riqueza como bien supremo, por delante de todo y de todos. La *generosidad* es la forma de superarla.
- *Lujuria.* Apetito sexual desordenado y nunca satisfecho. La *castidad* nos ayuda a vencerlo.
- *Ira.* Demostración de fuerza y agresividad hacia quien creemos el causante de una desgracia. La *paciencia* es su contrapuesta.
- *Gula.* Deseo desmedido de alimentos. La *templanza* es su solución.
- *Envidia.* Sentimiento de desespero por el bien ajeno, contra el que se opone la *caridad.*
- *Pereza.* Desgana por el trabajo, que es sustituido por el ocio como bien supremo. La *diligencia* o prontitud por hacer la solventa.

Uno de los elementos que hace al cristianismo una religión «emocionalmente saludable» es *el perdón.* Los cristianos, como todos los seres humanos, precisan un camino para «redimir» su sentimientos de culpabilidad, que son consecuencia de las responsabilidades y los principios morales o éticos no cumplidos, pues se puede pecar de muy diversas formas: con el pensamiento, el deseo, la palabra, la obra y la omisión; y la culpa sin perdón es una de las emociones más dañinas que existen.

El valor del perdón es una figura destacada en la tradición cristiana, como reflejan estos versículos de la Biblia:

El ángel lo anunció a José: «Tendréis un hijo
y le pondréis de nombre Jesús, porque Él salvará
a su pueblo de los pecados».
Mateo 1:21

> *Quien esté limpio de pecado*
> *que tire la primera piedra.*
> Juan, 8:1-11

En el cristianismo, no es suficiente con que se reconozca la culpa y se solicite el perdón, también debe existir un arrepentimiento de los males causados, sentir dolor como el que se ha causado, proponerse no repetir la afrenta y cumplir una penitencia.

El perdón es una virtud que todos podemos llevar a la práctica, no sólo los que se consideran cristianos. El mejor camino no pasa por otras emociones aflictivas como el odio, el rencor o la venganza, sino por el perdón, una elección que hace mejor y más inteligente a quien lo practica y que está en la base de todas las religiones y los pensamientos éticos laicos.

La capacidad de perdonar y olvidar es propia de las personas que han alcanzado un elevado grado de madurez y que tienen mucho amor para dar a los demás. Saber perdonar todo y a todos es, sin duda, sobrehumano, pero es el reto.

> *El perdón es la luz. Las emociones negativas como el odio,*
> *la rabia o el descontento son parte de la oscuridad.*
> Xiuran Xue[5]

El cristianismo, como se recoge en sus Bienaventuranzas, también dirige palabras de protección a los desheredados, a los desamparados y a todos los que sufren en el mundo, sin hacer distinciones de sexo, raza, credo... Palabras que hoy en día forman parte de los discursos de numerosas organizaciones gubernamentales y no gubernamentales que trabajan por el bien común, para erradicar el hambre, por la paz, por la justicia...

Todos estos sentimientos, entre muchos otros, se hallan en la base de las tres religiones monoteístas e incluso de las politeístas. Pero

---

[5] Periodista china, autora de *La Generación Mao.*

estos movimientos de acercamiento entre las religiones se hallan todavía en sus inicios.

Pensadores, teólogos y filósofos de todas las nacionalidades, entre ellos Leonard Boff, Hans Kung y muchos otros, han intentado sin éxito «oficial» liderar teorías confluentes de distintas religiones, o del propio cristianismo (católicos, protestantes, ortodoxos, evangélicos, etc.), buscando puntos de encuentro, hablando de «teodiversidad» como un concepto necesario para evitar las confrontaciones y el choque de civilizaciones anticipado por Samuel Huntington y otros.

Para ellos, ninguna religión posee la verdad única, sino que todas tienen parte de ella.

> *No me des tu verdad;*
> *busquemos juntos la verdad*
> *y la tuya y la mía nos la guardamos.*
> Antonio Machado

Hoy en día, distintos estamentos internacionales, como el Consejo de Europa o la Unesco, intentan transmitir la necesidad de educar en valores a los ciudadanos, ya que parece existir un olvido de los llamados «valores y principios éticos» esenciales para construir una sociedad sana y equilibrada, también emocionalmente.

La Comisión de los países europeos de 2005 cita como valores para la formación de la ciudadanía:

> *La democracia, la dignidad humana, la libertad*
> *(personal, de pensamiento, política y religiosa), el respeto*
> *a los derechos humanos (alimento, vivienda, sanidad,*
> *educación…), la tolerancia, la igualdad, el respeto*
> *a la ley, la justicia social, la solidaridad, la cooperación,*
> *el desarrollo espiritual, moral, cultural, mental y físico…*

Valores que deben permitir convivir entre distintas culturas y religiones, entre los que también cabe el perdón ético:

*Como el almendro florido
has de ser en los rigores.
Si un duro golpe recibes
manda una lluvia de flores...*
Salvador Rueda

Una pequeña vuelta por el mundo globalizado nos muestra que todavía es necesario mucho tiempo para educar y convencer a una mayoría de nosotros en estas «nuevas normas».

Las drogas: una falsa solución

Las drogas también son un medio para cambiar los sentimientos y las emociones aflictivas que nos rodean (miedo, ansiedad, fobias, desesperanza, depresiones, odio, ira, rabia, inseguridad, etc.).

Si los sentimientos se manifiestan en forma de cambios químicos, no es de extrañar que los cambios que producen las drogas transformen las apreciaciones, las emociones y los sentimientos mientras duran sus efectos. Después, reaparecen los problemas que existían antes de tomarla, más los efectos secundarios específicos de cada droga.

Cada droga tiene sus mediadores químicos específicos, pero la mayoría coinciden en facilitar la elaboración de dopamina en el sistema límbico. Veamos las características de las más utilizadas:

- **Tabaco**
  Es una de las drogas socialmente aceptada, cuenta con unos mil millones de fumadores en el mundo.

  Su componente químico más importante es la nicotina, que posee propiedades adictivas tan importantes como las de la heroína o la cocaína.

  Tiene efectos tranquilizantes, lo que proporciona seguridad, sensación discretamente euforizante e incremento de la sociabilidad.

Sus efectos secundarios están probados: la bronquitis crónica es la más frecuente, y el cáncer de pulmón, de las más graves. También el cáncer de laringe y diversas enfermedades arteriales, ya sea en el corazón, el cerebro o las extremidades inferiores.

- **Alcohol**
  También aceptada socialmente, a pesar de conocerse sus peligros y su capacidad de adicción.

  Sus efectos en una primera fase son euforizantes. La persona que lo toma se siente desinhibida y más segura de sí misma. Se dice que el alcohol es el tranquilizante más utilizado. A mayores dosis produce somnolencia y movimientos descoordinados.

  Los efectos secundarios incluyen desde las enfermedades crónicas del hígado, de los músculos, del corazón, o del estómago, hasta daños irreversibles en el cerebro.

- **Cannabis-marihuana y hachís**
  Hoy sabemos que la marihuana contiene como mediadores químicos los llamados tetrahidrocanabinoles (THC), que producen dopamina con la que estimulan las neuronas.

  Sus efectos más notables son la disminución de la ansiedad y la sensación de euforia. También estimula el apetito y reduce las náuseas, por lo que se aconseja para tratar algunas enfermedades que producen náuseas, o para mitigar los efectos secundarios que producen sus tratamientos.

  Su uso continuado ocasiona pérdida de la memoria, alteraciones de la capacidad de juicio y del comportamiento.

- **Anfetaminas**
  Empiezan a usarse en la segunda guerra mundial, por sus efectos estimulantes y su incremento de la resistencia al cansancio, al hambre y al sueño.

  Hoy sabemos que estimula la concentración de dopamina y es causa de graves trastornos: pérdida del apetito, irritabilidad, insomnio, alucinaciones, pensamiento desordenado y comportamiento adictivo.

- **LSD**

  Poco utilizada en la actualidad por sus efectos alucinatorios y su poder para alterar el comportamiento. Su consumo puede «romper» la psiquis de una persona y producir brotes psicóticos.

  En los años sesenta del pasado siglo, estuvo muy ligada al movimiento *hippy,* precisamente por sus efectos alucinógenos, semejantes a los que producen la mezcalina, el peyote y otros derivados de hongos como la *amanita muscaria,* que liberan ácido lisérgico.

- **Drogas de diseño**

  Son drogas sintetizadas y fabricadas de manera clandestina, generalmente derivadas de anfetaminas, y de las que no existen estudios completos en cuanto a las dosis adecuadas y sus efectos secundarios. Entre ellas destacan:

  - *MDMA*

    El éxtasis (3,4 metilen-dioxi-met-anfetamina), o MDMA, es una de las más utilizadas como droga de síntesis. Libera dopamina, serotonina y noradrenalina e inhibe la recaptación de dopamina.

    Sus efectos más evidentes son la euforia y el incremento de la resistencia física.

    Sus efectos secundarios son la falta de control, los movimientos espasmódicos, el golpe de calor y los brotes psicóticos.

  - *GHB*

    Es conocida como «la droga de los violadores», pues provoca una disminución del estado de conciencia, pérdida de fuerza y de reflejos, pérdida de memoria e incremento del apetito sexual.

    Sus efectos secundarios son numerosos: cansancio, insomnio, falta de apetito, apatía, desmotivación, depresión, etc.

- **Disolventes e inhalantes**

  Se denominan así porque su vía de consumo es la inhalación. Sus principales componentes son acetato de butilo, acetato de amilo, alcohol metílico, alcohol etílico, alcohol amílico, acetona, xileno, tolueno, etc. Todas estas sustancias se encuentran en pegamentos, lacas, pinturas o barnices.

  Sus efectos son similares a los del alcohol: euforia inicial, seguridad de desorientación, visión borrosa, lenguaje confuso, marcha inestable y somnolencia, entre otros.

  Sus efectos secundarios: dolores musculares, migrañas, insomnio, alteraciones visuales y auditivas, etc.

- **Cocaína**

  En la actualidad, es una verdadera plaga. Se consume esnifada o por vía intravenosa, a veces mezclada con heroína *(speedball)*.

  El *crak* es una nueva modalidad que deriva del clorhidrato de cocaína. Se fuma, y la potencia y rapidez de su acción lo hacen especialmente tóxico.

  La cocaína es una droga «dura» que produce intensos efectos estimulantes: euforia, incremento de la energía y sensación «todopoderosa». Consigue, a través de sus receptores D2, concentraciones de dopamina de hasta 300 veces las habituales en la sinapsis de determinados núcleos, como el acumbens, lo que ofrece señales terriblemente intensas de euforia y seguridad, responsables de la adicción a la cocaína. Quienes la consumen buscan una y otra vez la misma sensación de placer, aun a costa de incrementar cada vez más las dosis, con los peligros que esto reporta.

  Los accidentes cerebro-vasculares, los infartos de miocardio, la adicción, los cambios de carácter, la desconfianza, las paranoias, etc., son sólo algunas de sus complicaciones.

- **Narcóticos: opio, morfina y derivados**

  Hace apenas cincuenta años que conocemos que el opio y sus derivados, la morfina y la heroína, tienen una estructura quími-

Figura 30. Las drogas no son en ningún caso la solución a nuestras emociones aflictivas, pues añaden a los problemas los propios de cada una de ellas.

ca similar a algunas sustancias que se producen en nuestro organismo, denominadas endorfinas o morfinas endógenas.

Producen un intenso y transitorio estado de placer. Inicialmente, generan una sensación de euforia seguida de un período de tranquilidad extrema, deterioro de la atención, pérdida de la memoria y somnolencia.

Crean una fuerte adicción, que se alterna con marcados síndromes de abstinencia caracterizados por insomnio, dolores musculares, aumento de la salivación, náuseas, vómitos, pupilas dilatadas, etc.

Ninguna droga es la solución para modificar nuestro estado emocional, no porque no lo consigan, que sí lo hacen, sino por el impagable precio de sus efectos secundarios.

Aprender a trabajar con objetivos adecuados

¿Puede la planificación de unos objetivos influir en nuestros sentimientos y emociones? Naturalmente, porque si éstos se transforman en inalcanzables, dejarán en nosotros una huella permanente de *frustración* que lo impregnará todo.

Antes que cumplir los objetivos propuestos, precisamos una larga, repetida y pausada meditación, para saber qué es lo que realmente queremos, y si vale la pena luchar por estos objetivos. Éstos deberían ajustarse a nuestros ideales, valores y necesidades reales. Es mejor luchar por objetivos que nos hagan *ser*, que por aquellos que nos hagan *tener*.

Deberíamos dar prioridad a lograr nuestro «equilibrio interno» personal (ideales, valores, principios…), a nuestro crecimiento, familiar y social…, y dejar en segundo plano los logros «externos»: el dinero y el número de cosas que podemos poseer. Sólo cuando este trabajo se ha realizado, los objetivos vivenciales tendrán sentido y valdrá la pena luchar por ellos.

Tanto si optamos por una vía como por la otra, para lograr nuestros objetivos conviene que éstos sean:

- *Claros.* Algo tan evidente no lo es para todos nosotros, porque muchos los cambiamos con demasiada frecuencia, fruto de la improvisación y de nuestros cambios de rumbo o de objetivos repentinos.

  Precisamos objetivos en cada una de nuestras innumerables facetas: como individuo, profesional, marido, padre, hijo, hermano, amigo, etc.

  También es aconsejable priorizarlos de acuerdo con las facetas que consideremos más trascendentes en cada momento de la vida.

  Pero saber cuáles son nuestros objetivos no es suficiente. Para conseguirlos, tenemos que aprender a planteárnoslos según unas características determinadas.
- *Realistas.* Nuestras capacidades y nuestros deseos deben estar equilibrados. No se trata de engañarnos, partiendo de valoraciones inadecuadas de unas y otros, sino de adecuarlas a la realidad de cada momento.
- *Compatibles y placenteros.* Con frecuencia, no nos damos cuenta de que somos polifacéticos y que nuestros objetivos no son

compatibles con otros. El tiempo es limitado y debemos priorizarlos. Debemos elegir entre aquellos para los que estemos mejor dotados y cuya realización más nos gratifique.

— *Que puedan valorarse y analizarse en función del tiempo transcurrido.* Una vez definidos claramente, nuestros objetivos deben poder ser valorados, ya que sólo así seremos capaces de saber si estamos en el camino de lograrlos o no.

La valoración puede estar en las horas dedicadas a la consecución del mismo, en llamadas o felicitaciones realizadas, en resultados obtenidos, en actividades incompatibles eliminadas, etc. Hemos de buscar la manera más racional de valorar cada objetivo; ello nos permitirá medir objetivamente nuestros logros en el corto, medio o largo plazo, y modificarlos a la alta o a la baja en función de los resultados.

Es la forma de evitar la frustración que conlleva el fracaso repetido. La habilidad consiste en convertir el trayecto hacia un gran obje-

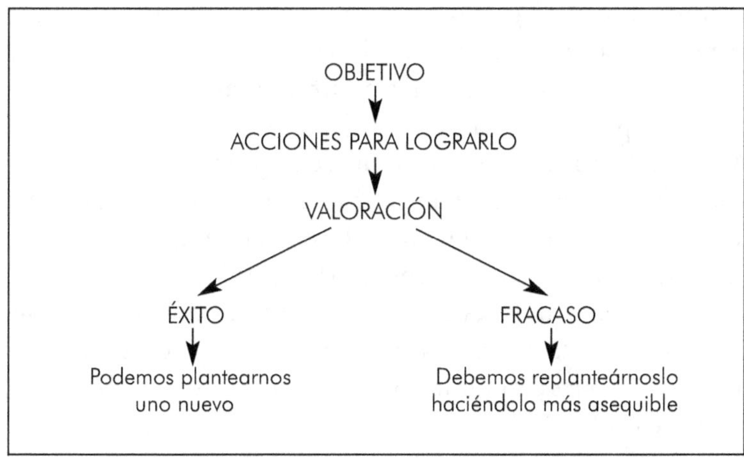

Figura 31. El esquema muestra la posibilidad de modificar nuestros objetivos cuando vemos que no podremos cumplirlos y así evitar sentimientos de frustración.

tivo en pasos pequeños constantes y asequibles. De esta manera, evitaremos la desesperanza y la frustración, y conseguiremos encadenar una serie de pequeños éxitos que estimulen nuestro trabajo hacia la meta final. El planteamiento de los objetivos de modo más acorde con nuestras fuerzas personales y sociales, la valoración continuada de los logros, los cambios de los errores cometidos, la ilusión, la perseverancia, el replanteamiento… son mejores aliados que el odio, la rabia, la desilusión, la agresividad o la frustración por no haberlos logrado.

Cómo la cognición puede cambiar la percepción de nuestra vida

Realmente, ¿sabemos cómo la cognición puede afectar a las emociones y los sentimientos? Por «cognición» se entiende la capacidad para percibir, recordar, comprender, organizar y usar la información recogida por los sentidos y por nuestro razonamiento.

Las personas no tienen un proceso cognitivo idéntico. Si una determinada realidad es vivida por tres personas distintas, una de las cuales es sorda, la otra ciega y la tercera puede ver y oír una determinada información, la información percibida por los sentidos será distinta en cada una, y también lo serán, a partir de estas diferencias en su percepción, sus procesos cognitivos.

Además de los cinco sentidos, nuestros pensamientos y la manera de comprender, organizar y utilizar la información, los hechos o «la realidad» son consecuencia de nuestro pasado temporal e intelectual. Por este motivo, no todos entendemos «la realidad» de la misma manera. No existen realidades iguales; todas son cambiantes, en función de quién las detecta y cómo las procesa. De ahí a aceptar que el proceso cognitivo puede modificar las emociones y los sentimientos, sólo hay un paso.

La cognición es imprescindible
en el proceso emocional.

Figura 32. ¿Qué aprecias en la figura?

Hay miles de ejemplos que nos confirman que el proceso de cognición es distinto para cada persona. Veamos algunos ejemplos.

La interpretación de la figura

Si mostramos la figura 32 a un grupo de personas y les pedimos que escriban sus impresiones, probablemente nos sorprenda advertir que un buen número de ellas nos hable de un jarrón. Otro grupo nos indicará que ve el perfil de dos mujeres enfrentadas.

Ambos grupos tienen razón, en función de si valoran en primera instancia los espacios claros o los oscuros de la imagen.

La parábola de los perros en la sala de los espejos múltiples

Cuenta una historia que un perro, viendo salir de una sala de espejos múltiples a otro, le pregunta qué le había parecido la sala. «Horrible», le explicaba el todavía aterrado can. «Esta sala está completamente llena de perros agresivos que no paran de mostrar su actitud hostil, ladrando continuamente, mostrando sus afilados y babeantes colmillos. Por suerte, he podido salir de ella. Yo de ti no entraría.»

Cuando entró el otro perro, encontró un panorama del todo distinto al descrito. Ciertamente, había muchos perros, pero sólo estaban husmeándose unos a otros, y cuando se percataron de que ninguno de ellos era peligroso, movieron alegremente sus colas y se dedicaron a saludarse y a saltar por doquier participando en toda clase de juegos.

La parábola nos confirma que recibimos aquello que sembramos, aunque no seamos consciente de ello. El mundo, como la «sala de los espejos», tiende a devolvernos la imagen que emitimos y que comprendemos gracias a nuestro proceso de cognición.

La descripción de los murales acristalados de una catedral

Si dividimos a los observadores de un mural de una catedral, obtenemos dos grupos bien diferenciados: uno de ellos nos habla de una luminosidad y una precisión de detalles magníficas; el otro, de un mural opaco sucio e inexpresivo.

Ambos grupos ven el mismo mural acristalado, la diferencia está en que lo ven desde lugares distintos: unos están dentro de la catedral, y los otros están fuera de ella.

La descripción de la botella

Otra vez, los grupos verán cosas distintas ante la misma realidad. Unos describirán la botella como «medio llena», los otros, como «medio vacía», y ambos tendrán razón.

Estos ejemplos confirman que cualquier episodio de la vida tiene más de una lectura, y que tales lecturas y sus consecuencias dependen del aprendizaje de nuestro proceso cognitivo, formado a lo largo de todos nuestros conocimientos y experiencias.

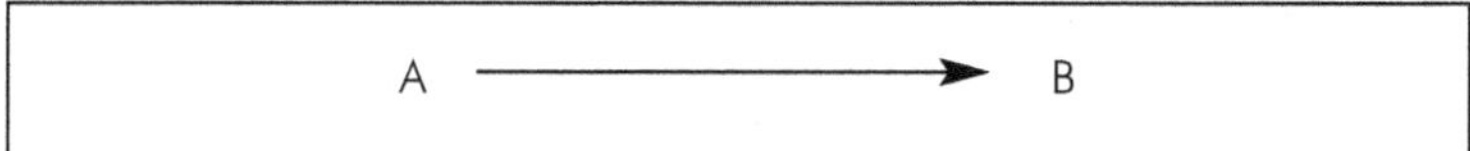

Figura 33. Según el conductismo, todo estímulo va seguido
de una respuesta.

Tener o no trabajo, madrugar o no, que haga sol o llueva...
Siempre podemos ver, si así nos educamos, que hay una oportunidad en cada cambio que se produce en nuestra vida.

> *Soy un pesimista frustrado*
> *por su entusiasmo.*
> Josep Maria Espinàs[6]

El pensamiento del escritor catalán Josep Maria Espinàs es otra forma de definir la cognición. Es posible que tu interpretación de los hechos, tu razonamiento de los mismos, tu cognición, no sea optimista. Pero tus ganas de rebelarte y de luchar, tu esperanza en un futuro mejor y tu entusiasmo pueden revertir las sensaciones que podrían empañarlos.

El fin del conductismo

La teoría cognitiva ha dejado obsoleta la conductista, según la cual cada estímulo, «A», va seguido de una respuesta, «B».

Actualmente, sabemos que ante estímulos idénticos, «A», las respuestas de las personas son siempre distintas: B, B′, B″..., debido a que estas respuestas están mediadas por el proceso cognitivo C.

---

[6] Periodista y escritor en lengua catalana (Barcelona, 1927). Fue uno de los fundadores de *Els Setze Jutges,* grupo musical que inció el movimiento de la Nova Cançó, a finales de la década de 1960.

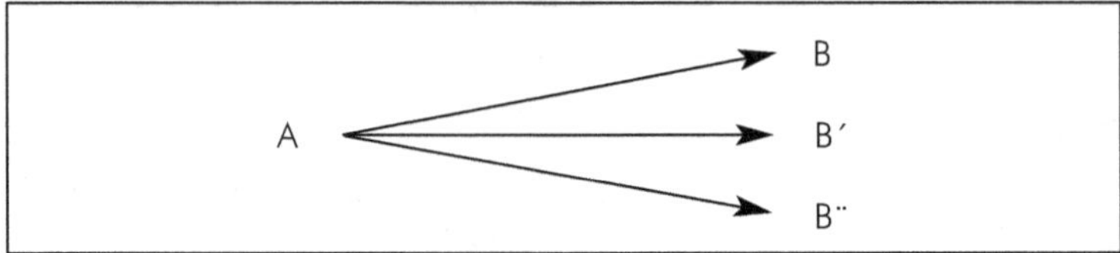

Figura 34. En el proceso cognitivo, un mismo estímulo
proporciona respuestas diferentes, en función de la cognición
de cada elemento.

La manera en que hayamos aprendido a procesar la información, debido a nuestra herencia y educación, nuestro ambiente, nuestras relaciones, etc., condicionará nuestra respuesta. El estado afectivo de cada momento condiciona el estímulo y la respuesta.

*Si cambias las formas de entender las cosas,
las cosas cambian.*

Empezamos a comprender que todo puede relativizarse, pues en última instancia, no importa el hecho que nos ocurre, sino cómo lo interpretamos.

Aarón Beck fue de los primeros investigadores en detectar que las personas depresivas poseen lo que él llamó «alteración de la tríada cognitiva», porque en ellas están presentes sentimientos pesimistas y de desesperanza sobre ellos mismos, su futuro, y el entorno que les rodea.

Posteriormente, otros autores han confirmado que en las personas depresivas son más frecuentes los pensamientos de baja autoestima y de culpabilidad, y que recuerdan más las experiencias negativas que han tenido en su vida que las positivas. Ello induce a cerrar el círculo vicioso, en el que los recuerdos tristes empeoran el estado depresivo y éste trae a colación más recuerdos tristes.

Podemos cambiar la visión que tenemos de nosotros mismos, de lo que ocurre a nuestro alrededor y de nuestro futuro. Podemos mejorar nuestras habilidades si mejoramos las emociones y los sentimientos, si aprendemos a controlarlos y modificamos la interpretación que hacemos de nuestras actividades cotidianas.

Shaskespeare ya lo había descubierto antes.

No hay nada bueno o malo.
El pensar que lo es hace que lo sea.
William Shakespeare

Las base para crear nuevas vías de comprensión de las cosas, de cognición, ya están creadas. Sólo hace falta utilizarlas.

Inteligencia emocional social

Las emociones son el hilo conductor de las relaciones interpersonales y las que determinan no sólo la calidad de estas relaciones y su duración, sino también el bienestar y, en última instancia, la salud de las personas.

Pero para ser felices no basta con incrementar nuestra inteligencia emocional personal, con tener emociones y sentimientos no aflictivos de manera preferente.

El psicólogo y humanista estadounidense Abraham Maslow (1908-1970) señaló que para que el ser humano se autorrealice, es decir, al-

Figura 35. Pirámide de Maslow: necesidades que precisa cubrir un ser humano para sentirse realizado.

cance su nivel más alto de autoestima, precisa cubrir una serie de necesidades. La «Pirámide de Maslow» indica este orden de necesidades:

- Las primeras necesidades son las básicas: alimentación, vestido, vivienda, etc.
- Una vez cubiertas, la persona precisa seguridad, entendido como que estas necesidades estarán cubiertas a lo largo del tiempo: cuidados médicos, seguridad física, de sus posesiones, de su trabajo…
- Cubierto este nivel, la persona necesita ser respetada y admirada por el entorno que la rodea para ganar autoestima. Precisa el respeto y la consideración de su clan familiar, sus amigos, compañeros de trabajo o de ocio, grupos con los que se identifica, etc.
- Por último, la persona no se sentirá feliz si, a la vez, no practica en los demás aquello que solicita de éstos.

Así pues, para alcanzar el máximo nivel de realización, de autorrealización, es necesario tener una cierta inteligencia emocional social, que nos permita relacionarnos amigablemente con nuestros semejantes, ganarnos su cooperación, su estima, al mismo tiempo que nosotros los estimamos a ellos.

¿Cómo logramos mejorar nuestra inteligencia emocional social?

Aprendemos mediante el trabajo constante y consciente, tomando como punto de partida unas emociones, unos sentimientos y unos valores que nos permiten comprender mejor a nuestros semejantes:

- **Compasión**
  Sentimiento muy valorado por religiosos y por laicos. No es una sensación de pena por el estado personal, físico o mental de alguien, sino una emoción que se da en situaciones de desigualdad, cuando se le pide ayuda al poderoso y éste la da.

Para Tenzin Gyatzo, decimocuarto Dalai Lama, compasión es comprender las causas de los desvelos y las motivaciones que han hecho llegar a una persona a un determinado estado y tener una actitud proactiva de ayuda para que mejore.

También significa querer a las personas libres de sus sufrimientos y ayudarles a conseguir su bienestar.

- **Misericordia**

  Es sinónimo de compasión, entendida como el sentimiento que se vive como propio por las carencias y el mal que sufren otros y que nos mueve a remediarla.

- **Caridad**

  Es una virtud muy próxima a la misericordia, que se manifiesta por amor desinteresado. Se hacen las cosas sin esperar recompensa, dando incluso cuando la persona no cree precisarlo.

- **Tolerancia**

  Entendida como la aceptación incondicional de nuestro prójimo.

  No significa ver y entender sus defectos, para intentar cambiarlos con consejos y presiones, sino «aceptar incondicionalmente» cómo son los demás. Aceptar las diferencias y buscar puntos de encuentro comunes.

- **Respeto**

  Sentimiento que nos hace entender que no somos dueños de nadie, que respetamos sus puntos de vista y su libertad, aunque no coincidan con los nuestros, sin otro límite que la legalidad constitucional.

  Es el primer paso hacia el amor. No podemos amar a todos nuestros semejantes, pero se merecen que les respetemos aunque sus ideas o proyectos no sean los nuestros.

  Respeto no significa asentimiento. Debemos ser sinceros, educados y respetuosos, y saber decir «no» si es necesario.

- **Empatía**

  Es un valor que va más allá del respeto. Requiere ponernos en los zapatos de la otra persona, e intentar pensar, comprender y sentir como ella lo hace.

- **Generosidad**

  Consiste en dar a cada uno más de lo que recibes de él, sin importar cuál vaya a ser su respuesta, ni esperar algo a cambio.

  Se contrapone al egoísmo: pensar exclusivamente en uno mismo.

- **Juzgar**

  No juzgues si no quieres ser juzgado.

  El concepto de juzgar debemos pedirlo en último término a los tribunales, sin pretender ser nosotros los autores de la última palabra y sentencia.

  Debemos aprender a valorar sólo los actos de la persona, no la persona en su totalidad. Hacer una cosa mal no significa que todo en esta vida esté mal hecho. Todos tenemos derecho a equivocarnos y a no ser juzgados globalmente por un error. Si queremos perdón, debemos empezar por concederlo.

- **Humildad**

  Virtud que se opone a la soberbia y facilita sobremanera el encaje y la inteligencia emocional social. Nadie es perfecto, ni imprescindible. No pretendamos ser un ejemplo para nadie, en todo caso los demás, libremente, pueden aprender eligiendo sus propias fuentes.

- **Amor**

  En definitiva, es la clave de la inteligencia emocional social. Tratar a los demás como queremos ser tratados.

Capítulo 6
La comunicación como vehículo de la inteligencia emocional y social

La comunicación desempeña un papel esencial en la inteligencia emocional. Tenemos que entender que comunicar es mucho más que hablar. El verdadero objetivo de la comunicación es enviar un claro mensaje a las personas con las que contactamos, un mensaje que sea percibido, comprendido e integrado por ellas y que les induzca a devolvernos una respuesta en consonancia con lo comunicado.

La comunicación es, pues, muy importante en todos los ámbitos de la vida. Como ejemplo extremo, podemos decir que incluso el cáncer no es sino un fallo de comunicación entre las células.

Lo realmente importante no es lo que queramos comunicar, sino lo que verdaderamente comunicamos y cómo lo hacemos. El psicólogo Albert Mehrabian, tras realizar numerosos experimentos sobre las actitudes y los sentimientos de las personas, llegó a la conclusión de que en ocasiones la comunicación verbal resulta ambigua. Formuló una regla que resume su trabajo y nos permite entender un poco más cómo nos comunicamos:

- Sólo el 7 % de lo que comunicamos lo hacemos mediante las palabras que decimos.
- El 32 % depende de cómo lo decimos (volumen, tono…).
- El 55 % lo comunicamos mediante el lenguaje corporal (gestos, posturas, movimientos de los ojos…).

Así pues, debemos aprender a comunicar a los demás aquello que realmente queremos decirles, aquello que sentimos. También tenemos que aprender a comunicar los sentimientos y las emociones de manera adecuada porque de ello depende en gran parte nuestra inteligencia emocional social.

Consideración aparte merecen las personas «alexitímicas», pues tienen especial dificultad para manifestar sus sentimientos y emociones, y en algunos casos pueden necesitar ayuda profesional para superarlo.

Comunicación verbal

Es toda comunicación que se realiza mediante la palabra. Es el mayor rasgo distintivo entre los humanos y los demás seres vivos.

Las palabras ordenan el caos.

Para que sea eficaz, la comunicación verbal debe cumplir una serie de requisitos:

- *Clara.* Bien articulada y matizada.
- *Suficiente.* Con la cantidad de información necesaria. Ni excesiva ni demasiado escasa.
- *Con la intensidad y el tono precisos.* Importa más el tono y la forma en que decimos las cosas que aquello que decimos realmente.

  El tono de voz traduce perfectamente el estado emocional. Si estamos cansados, enfadados, aburridos, irónicos, agresivos, etc. Más que aquello que decimos, prevalece, como nos recuerda Mehrabian, la forma en que lo comuniquemos, de manera que la intensidad y el tono con el que iniciamos la comunicación tiene una alta probabilidad de terminar de la misma manera.
- *Con las pausas adecuadas,* que permitan entender nuestro mensaje y responderlo por la persona o las personas que nos escuchan.
- *Cuidando los silencios,* que no significan que estemos de acuerdo, ni que no sepamos qué responder. El silencio puede ser una

forma muy dura de comunicación, que denota rechazo, distanciamiento o superioridad. Cuidado, pues, con ellos.

Comunicación no verbal

Empezó a tomarse en cuenta en los años cincuenta del pasado siglo XX. Hoy sabemos que es *más sincera* que la comunicación verbal, y que la sintonía entre ambas hace más o menos creíble el mensaje que se emite.

En función de nuestros sentimientos y nuestras emociones, el cuerpo envía señales que pueden ser comprendidas, aunque en ocasiones quieran evitarse u ocultarse. Interpretadas con precaución, ayudan o restan credibilidad al emisor del mensaje.

Siempre comunicamos, aunque no lo queramos. Los detalles pueden ser infinitos. Veamos algunos ejemplos:

- **La apariencia externa**
  Ropa, estilo, colores, peinado, adornos, joyas, ajuste de la ropa, botones abrochados o no, etc. Son detalles que actúan como una tarjeta de visita, en la que puede leerse mucha información sobre nuestras tendencias, cuidado personal, seguimiento o no de la moda, elegancia, meticulosidad, pertenencia a determinado grupo...

- **Saludo**
  Es más próximo y emotivo un beso y una sonrisa que un apretón de manos o un simple saludo.
  La mano puede ofrecerse de forma pasiva, abierta, sin fuerza, lo cual denota poco interés por la persona saludada; o encajarse con fuerza para transmitir nuestro aprecio. No obstante, si la fuerza es excesiva, puede confundirse con un deseo de dominio sobre la persona que se aplica.

- **Espacio de comunicación**
  Si el espacio físico que queda entre las personas es excesivo, pue-

de significar frialdad de trato o incluso rechazo. Si es demasiado próximo, podemos molestar a nuestro interlocutor al invadir su «zona privada».

- **Contacto físico y tipo de contacto**
  Después del saludo, una mano sobre la espalda y unos golpecitos repetidos puede interpretarse como una posición de dominio o de reconocimiento de aprecio.

  Una mano que coge el brazo del interlocutor significa que está dominando la comunicación, y que no lo dejará hasta que le haya dicho lo que quiere.

  La mano abierta y mostrando la palma señala límites que no quiere que se sobrepasen.

- **Paso atrás o hacia delante**
  Antes o después del saludo, el paso atrás significa defensa o búsqueda de una situación de estudio del interlocutor.

  Un paso adelante puede entenderse como una cierta agresividad o preparación para la lucha dialéctica.

- **Orientación**
  También es importante la situación en que quedan orientadas las personas que se comunican:

  - Si quedan una frente a la otra, literalmente enfrentadas, la posición indica discusión o confrontación.
  - Si permanecen una al lado del otra, mirando en la misma dirección, están más dispuestas a cooperar que a discutir.
  - Si entre ambas se forma un ángulo de 90º, los tertulianos están en fase de tanteo, y el resultado de la comunicación no se halla resuelto.
  - Si uno de los dos señala con la posición de los pies o de su cuerpo que quiere darle la espalda, está sugiriendo que la conversación no tiene interés en ese momento.

- **Expresiones de la cara**

  La cara traduce muy bien los sentimientos. Según la *vox populi*, es el espejo del alma, y recordemos que los ojos comunican directamente con el encéfalo.

  En una primera impresión, podemos leer su expresión:

  - Unos labios abiertos y sonrientes siempre son amigables.
  - La media sonrisa es una media verdad.
  - Unos labios horizontales es una expresión neutra y una boca que muestra las comisuras de los labios arqueadas hacia el suelo, detecta un estado personal o por el encuentro poco satisfactorio.

  Las cejas también nos ofrecen mucha información:

  - Unas cejas elevadas, que amplían el tamaño de los ojos, detectan sorpresa e interés por lo que se está escuchando.
  - Un entrecejo ajustado da muestras de que algo disgusta.
  - Una frente muy arrugada delata preocupación.
  - Una sola ceja elevada indica incredulidad.

  Los ojos pueden darnos mucha información:

  - Un parpadeo rápido detecta nerviosismo o sorpresa. Uno lento, concentración o cansancio.
  - Unos ojos que miran hacia el cielo, hacia arriba, piden o buscan ayuda. Unos que miran hacia el suelo están en desacuerdo o sometidos. Unos que buscan los lados, buscan una escapatoria. Unos que buscan los de su interlocutor muestran interés. Cuando la mirada es insistente pueden estar retando o dudando de lo que se dice.
  - Mirar en dirección distinta al interlocutor es signo de desinterés, disconformidad o poca sinceridad. Por el contrario, cuando se mira de forma insistente a «zonas prohibidas», co-

mo los labios, los ojos, los senos o los glúteos, el interés excede a la conversación. Un llanto sin lágrimas es, en principio, falso. Una conversación con gafas de sol indica poca sinceridad o confianza.

— Por último, una mirada puede reflejar desde dulzura, cariño, respeto, simpatía, amor, hasta odio, desprecio o asco.

El que no entiende una mirada
tampoco entenderá mil palabras.

- **Posición del cuerpo**
La manera en que disponemos nuestro cuerpo cuando hablamos ofrece muchas pistas acerca de lo que sentimos:

  — Si la disposición global es relajada y abierta, con brazos extendidos y manos abiertas, la comunicación también es abierta y se está receptivo. Si el cuerpo está contraído y tenso, con los brazos y las piernas cruzados, los dedos de las manos entrelazados, los puños cerrados, etc., estamos ofreciendo resistencia a la comunicación.

  — Los brazos «en jarra» muestran todo el potencial que ofrece la persona: sus encantos o su fuerza.

  — La cabeza inclinada hacia los lados denota atención. Hacia atrás, cansancio o reflexión. Hacia abajo, reflexión y rechazo. Aguantarse la cabeza con la mano, aburrimiento y cansancio.

  — Asentir con la cabeza lentamente detecta atención. Negar lentamente, duda o rechazo. Los mismos movimientos realizados de manera rápida indican que la decisión ya ha sido tomada, y que debe pasarse a otro tema.

  — Frotarse las manos, acariciarse el cabello, rascarse o mover los brazos continuamente son muestras de nerviosismo o duda.

  — A la mano que tapa la nariz o que cubre la boca, no le gusta lo que está oyendo.

- La que señala con el dedo índice puede ser como la que apunta con una pistola.
- El dedo que separa el cuello de la camisa, afloja un botón o la corbata delata la tensión en busca de «aire».
- Las manos en los bolsillos muestran que no quieren enseñar sus cartas, y ocultan algo. La mano plana sobre el corazón quiere indicar sinceridad, con el puño, castigo o lucha.

Más que el detalle en sí, lo que debe valorarse es su reiteración, su tendencia. Como apunta Mehrabian, la sintonía entre la comunicación verbal en su contenido, tono o forma de pronunciarse y en el soporte de la comunicación no verbal es lo que confiere credibilidad a la comunicación. No es, pues, un único factor aislado lo que debe hacernos sospechar sobre su veracidad.

Causas que mejoran y causas que empeoran la comunicación

Siempre comunicamos, incluso cuando no queremos, pero hay personas que lo hacen mejor que otras. Estas personas valoran la importancia de la comunicación en sus sentimientos y emociones, y en su vida, por lo que intentan mejorarla día a día.

Para mejorar la comunicación hay que tener en cuenta distintos factores:

- **Querer que exista comunicación**
  Es evidente y esencial. Si no queremos comunicarnos, probablemente la comunicación carecerá de calidad, y será mejor posponerla o cancelarla.

- **Saber qué y a quién queremos comunicar**
  Precisamos entenderlo, además de conocer a quién estamos comunicando y cuáles son sus posibilidades de asimilación.

- **Adaptarnos al nivel emocional del receptor**
  La comunicación mejora si nos adaptamos o nos acercamos a la situación emocional del receptor. Tenemos que valorar si nuestros estados emocionales son similares, no aflictivos, y sólo entonces iniciarla. Esbozar una sonrisa e iniciar la comunicación con simpatía marca la tendencia de los demás.

  También ayuda intentar aproximarnos al «inconsciente» del receptor, imitando su comunicación no verbal, si es positiva, aproximándonos a su frecuencia e intensidad respiratoria, a sus gestos, a su entonación, etc.

- **Mantener la atención y crear sensación de confianza**
  Dar muestras de interés y buscar el contacto visual.

  Hacer resúmenes con frecuencia de aquello que decimos, creando silencios para que nuestro interlocutor pueda intervenir, pues recordemos que la comunicación es bidireccional.

  Confirmar, con movimientos lentos de la cabeza, que comprendemos lo que nos dice o preguntar en caso contrario.

- **Escuchar sin interrumpir hasta que finalice la información que nos devuelve el receptor es la mejor forma de detectar las barreras que dificultan la comunicación:**

  – No dije todo lo que quería.
  – No oyó todo lo que dije.
  – No entendió todo lo que quería que entendiera.
  – No aceptó todo lo que dije.

Conocer las causas que empeoran la comunicación

Evidentemente, pasan por no cumplir aquellas que mejoran la comunicación y que acabamos de enumerar, además de las que son antagónicas a los valores de la inteligencia social.

- *Falta de respeto.* Mostrada por el tono, la forma y los gestos que utilicemos (gritos, voces, agresividad, movimiento de brazos, miradas, muecas, etc.).
- *Soberbia.* Yo lo sé todo, y tú sólo tienes que obedecer sin rechistar.
- *Intolerancia.* ¿Qué importa cómo seas? Has de ser y hacer esto.
- *No escuchar.* ¿Para qué? Lo que quería decir ya lo he dicho.
- *Prejuicios.* Que no cambiaremos. Sobre todo si no escuchamos lo que nos dicen y recapacitamos con tiempo suficiente.
- *Crítica sistemática.* Sin aportar soluciones.

La lista puede alargarse indefinidamente, sobre todo si repasamos nuestros fracasos personales de comunicación, los cuales, no obstante, pueden transformarse en un «banco de ideas» para mejorar en el futuro.

Resolución de conflictos

Es uno de los factores más importantes en la inteligencia social. Lo ideal es no llegar a ellos, pero si aparecen, hay que resolverlos con el mínimo «gasto» emocional posible.

Una acción inadecuada puede arruinar amistades y años de conducta ejemplar.

Las discusiones y los conflictos suelen ser inútiles, porque enfrentan a personas con momentos emocionales disarmónicos y distintas realidades cognitivas momentáneas.

El modo en que nos enfrentamos a los conflictos dice mucho de las posibilidades que tenemos de superarlos. Podemos hacerlo de dos maneras:

- *Asertiva, con empatía,* intentando comprender a la persona y su especial situación. Diciendo lo que pensamos, pero dispuestos a escuchar, cambiar, ceder, y a negociar y convencer.

— *Agresiva,* dirigiéndonos al conflicto con intención de imponer, mandar, vencer, superar.

Si las técnicas habituales de comunicación basadas en el respeto, la empatía, la tolerancia y la generosidad han fracasado, probemos con estas otras:

— *Demorar la respuesta.* Siempre es mejor esto que responder mal. Recordemos el aforismo «dos no discuten si uno de ellos no quiere».
— *No empeorar el conflicto.* Es preferible utilizar la frase «seguramente no me he expresado bien», en vez de «no me has entendido»; o «debo pensarlo», en vez de «es inútil hablar contigo».
— *Recordar el ganar-ganar* (win-win). Todas las partes del conflicto quieren ganar algo, material o no. Nosotros también hemos de entenderlo así.
— *El humor.* Puede ser siempre «una salida por la tangente», que solvente o difiera la tensión de un momento.
— *La ley.* De las «películas del oeste», hemos aprendido que la ley del revólver, de la agresividad y de la fuerza siempre fracasa. En última instancia, la ley está para evitar tomarse la justicia por nuestra mano.

Epílogo

El concepto de inteligencia, entendido como la capacidad de prever, comprender y superar los problemas que se nos presentan en el día a día, ha evolucionado notablemente. Ha pasado de una visión unitaria o globalizadora, que podía ser medida por el cociente de inteligencia, a una concepción de «inteligencias múltiples», todas ellas distintas e independientes, de las que se han descrito más de 25 tipos (lingüística, lógico-matemática, corporal cinética, espacial o visual, musical, sexual, emocional, etc.).

La inteligencia emocional parece haberse «redescubierto» y, a la vista de su trascendencia, hemos querido abordar dónde y cómo se forma en el encéfalo, qué consecuencias positivas y negativas tiene y de qué manera podemos gestionarla, transformarla e incrementarla.

Para ello, hemos hecho un recorrido sobre los conocimientos que poseemos de:

- **El encéfalo**
  Descrito como un órgano complejo en el que se localizan funciones extraordinarias que nos diferencian del resto de seres vivos y nos permiten hablar, ver, oír, recordar, imaginar, sentir, pensar, emocionarnos... Está compuesto por más de 100.000 millones de neuronas, cada una de las cuales contacta con otras 20.000 neuronas por medio de uniones o sinapsis, que conectan entre sí distintas funciones y localizaciones sirviéndose de numerosos neurotransmisores y hormonas (dopamina, serotonina, occitocina, vasopresina, endorfinas, feromonas, acetil colina, acido gammaa-

minobutírico, óxido nítrico, tiroxina, adrenalina, noradrenalina, cortisona, andrógenos, estrógenos, hormona del crecimiento, etc.).

- **La evolución del encéfalo**
  El encéfalo es el resultado de una larga evolución de millones de años. El doctor Paúl McLean ha tenido el acierto de buscar en nuestro cerebro actual las reminiscencias y funciones de esta evolución, y distingue entre:

  - Un cerebro reptil, el más primitivo, que se ocupa de funciones vitales, pero comunes en todos los seres vivos: respirar o bombear sangre, luchar por la supervivencia, controlar los mecanismos de equilibrio...
  - Un cerebro mamífero o sistema límbico, más moderno, que se encarga de controlar el sistema endocrino y hormonal, percibir el placer y el dolor, conservar y desarrollar la memoria y, en parte, percibir las emociones.
  - Un cerebro cortical o neocórtex, el más evolucionado, en el que reside la capacidad de pensar, imaginar, comprender, organizar, calcular, componer, escribir y participar en nuestras decisiones, entre otras funciones.

- **Funcionamiento del encéfalo**
  Los miles de millones de neuronas del encéfalo están unidas y organizadas en *redes, con millones de conexiones sinápticas* que hacen que el encéfalo actúe como un todo y pueda activar simultáneamente distintas funciones localizadas en zonas diferentes.

  Cualquier fuente de energía capaz de activar alguno de los cinco sentidos, más los pensamientos, los recuerdos y la imaginación, inicia estímulos en distintos receptores para proyectarlos en diferentes zonas y conectarlas entre sí, ya sea en el mismo hemisferio cerebral mediante las llamadas fibras de asociación a distintos hemisferios, mediante los tractos comisurales, o a zonas externas como la médula espinal con los tractos de proyección.

Estos tractos y sus bucles de axones comunican mediante millones de sinapsis a millones de neuronas que «computan» una respuesta integrada.

Existen posibilidades reales de «remodelar» nuestro encéfalo debido a su *plasticidad,* por medio de la cual las neuronas son capaces de crear nuevas sinapsis en respuesta a nuevos estímulos, capacidad que permanece desde el nacimiento hasta el último de nuestros días.

- **Funciones, localización y consecuencias de las emociones y los sentimientos**

Las emociones, como hemos visto, son la respuesta a los estímulos que recibimos continuamente a través de los sentidos, los pensamientos, los recuerdos o la imaginación.

Sabemos que las emociones y los sentimientos son estados anímicos que tienen como función fundamental ayudarnos a superar dificultades o a disfrutar de sucesos agradables, y que existen emociones comunes a todas las culturas, como el miedo, la alegría, la sorpresa, la tristeza, la ira y el asco.

En determinadas ocasiones, en función de nuestra «ventana de tolerancia emocional», resultado de la genética y de la educación vivencial, las emociones responden de manera poco adecuada, creando «golpes de estado emocional», por medio de la amígdala. En estas ocasiones, la respuesta emocional deja de ser adaptativa y flexible y se transforma en una reacción emocional problemática y aflictiva.

Sabemos que las emociones se localizan y se forman fundamentalmente por la interacción de numerosas sinapsis y neurotransmisores, entre el cerebro límbico o emocional y el lóbulo frontal en la corteza cerebral, entre los que existen complejas conexiones. Del predominio o equilibrio entre uno u otro cerebro dependerá la calidad y la consideración, aflictiva o no, de las emociones.

La tendencia a respuestas emocionales aflictivas continuadas da lugar a transformaciones «plásticas» que con el tiempo pueden causar graves trastornos, como insomnio, cansancio, falta de apetito, dolor, palpitaciones, mareos, inestabilidad y alteraciones de la inmunidad, entre otras. Estas consecuencias están en las bases de las enfermedades psicosomáticas (obesidad, diabetes, hipertensión arterial, fibromialgia, eczemas, psoriasis, enfermedades coronarias e incluso cáncer) y de algunas enfermedades mentales, como trastornos de ansiedad, fobias, estrés, e incluso trastornos de la personalidad en sus diversas variantes.

- **Posibilidades de incrementar nuestra inteligencia emocional**
  Hemos visto cómo las consecuencias de las emociones y los sentimientos aflictivos pueden ser muy perniciosas para nuestra salud. Por ello, es esencial incrementar la inteligencia emocional de modo que en cada momento sólo «nos enfademos con la persona adecuada, en el grado exacto, en el momento oportuno, con el propósito justo y del modo correcto», como aconsejaba Aristóteles.

  Conscientes de que no es una tarea sencilla, hemos de intentar «racionalizar» la comprensión de las emociones para hallar soluciones que, aunque no sean únicas ni novedosas, nos acerquen a una gestión más eficaz y racional de nuestras emociones.

  Todas las posibles consecuencias comentadas sobre las emociones aflictivas son lo suficientemente importantes como para que reaccionemos e intentemos transformar las emociones y los sentimientos aflictivos, tratando de que permanezcan el menor tiempo posible con nosotros.

  Hemos descrito una «escalera emocional» o un «decálogo emocional» que pretende ayudar a ello por medio de distintas técnicas:

  - La relajación conseguida con ejercicios de respiración y de contracción-relajación muscular.

- La meditación, con atención plena de los cinco sentidos y el pensamiento en determinado objeto.
- El filtrado selectivo de impactos emocionales.
- El retardar la respuesta emocional.
- El conocimiento de lo que existe detrás de cada emoción y sentimiento aflictivo.
- El tomar conciencia de la importancia del pensamiento y de las acciones en la generación de emociones y sentimientos.
- La aplicación de los valores éticos en el día a día.
- El uso de algunas drogas como posible solución parcial.
- El trabajo por objetivos.
- La cognición.
- El desarrollo de determinados valores para incrementar la inteligencia social.

Las soluciones propuestas no tienen por qué ser exclusivas o convertirse en compartimentos estanco. Constituyen una serie de posibilidades que pueden utilizarse conjuntamente, permitiendo a cada persona encontrar la forma o formas más adecuadas de incrementar su inteligencia emocional.

El desarrollo de estas funciones cerebrales dependerá de nuestra dotación genética, nuestro entorno, la educación recibida y del tiempo e intensidad que dediquemos a gestionarlas. De ahí la importancia de los primeros años de vida y de lo que hayamos recibido en ellos en forma de: atenciones-desatenciones, amor-desamor, miedo-seguridad, gritos-tono de voz modulado, abusos-ayuda, agresiones-caricias, brutalidad sexual-educación, hambre-alimentación, seguridad-represión, afirmación personal-descrédito personal y un largo e interminable etcétera.

Pero no sólo influyen los primeros años de vida, sino también lo que hagamos día a día. Cuanto antes iniciemos este aprendizaje, mejor, pues sabemos que las redes neuronales, especialmente las sinápticas, pueden incrementarse si se trabajan de forma adecuada durante toda la vida.

Debemos educar y aprender cuanto antes estos conocimientos y utilizarlos para chequear nuestro estado emocional, y si éste es aflictivo, tenemos que buscar la mejor manera de modificarlo. De ello dependerá en gran parte nuestra salud física y mental, nuestra personalidad y nuestro éxito como individuos y como seres sociales.

La educación emocional, como el ir en bicicleta,
se aprende «practicándola», cada día, durante
toda la vida, y es tan importante que si somos capaces
de cambiar nuestras emociones, cambiaremos,
mejorándola, nuestra vida.

Bibliografía

Inteligencias múltiples. La teoría en la práctica. H. Gardner. Paidós, Barcelona, 1998.

La inteligencia reformulada. Las inteligencias múltiples en el siglo XXI. H. Gardner. Paidós, Barcelona, 2003.

Inteligencia emocional. D. Goleman. Kairós, Barcelona, 2001.

Emotional Intelligency. Why it can matter more than IQ for character health and life long achievement? D. Goleman. Bantom Books, Nueva York, 1995.

Miedo líquido. La sociedad contemporánea y sus temores. Z. Barman. Paidós Ibérica, Barcelona, 2007.

«La bacteria que se convirtió en dinosaurio», J. Payne. *Revista Opción,* julio, 2009.

The brain in hominid evolution. Tobias. Columbia University Press, Nueva York, Londres, 1971.

The triune brain in evolution. P. D. Mac Lean. Plenum, Nueva York, 1990.

Cómo funciona la mente. S. Pinker. Ediciones Destino, Barcelona, 2008.

La mente en desarrollo. Daniel J. Siegel. Desclée de Brouwer, 2007.

Fisiología de la conducta. N. R. Carlson. Pearson, Madrid, 2006; 383-494.

«Emotion, plasticity context and regulation». R. J. Davidson, D. C. Jackson, N. H. Kalin. *Psychological Bulletin,* 2000; 126(6): 873-889.

«Hacia una psiquiatría neurológica», L. M. Gonzalo. *Jano,* abril, 2007; 52-54.

Destructive emotions How can we overcome them. A Scientific dialogue with the Dalai Lama. Goleman. Bantam Books, Nueva York, 2003.

Los cuatro libros clásicos. Confucio. Ediciones BSA, 1997.

El libro del Tao. Lao-Tse. RBA colecciones, Barcelona, 2006.

Tabaquismo. Psiquiatría y atención primaria. Ediciones Médicas SL, Barcelona, enero, 2001; supl. 1.

«Las anfetaminas: efectos secundarios, tóxicos y su tratamiento». R. Cabrera, J. Cabrera. *Pharma Klinic,* 1989; 6: 254-259.

«Drogas de síntesis: novedades». F. Capdevila, P. González, C. Fenoll. *FMC,* 2009; 16 (7):383-392.

«Alteraciones neurológicas por inhalación de pegamentos». M. Espino, V. Barrios. *Rev. Esp. Neurol.,* 1988; 3:25-30.

«Alucinógenos del viejo mundo». P. L. Naranjo. *Terapia,* 1972; 27:7-96.

«Neuroimaging in borderline personality disorder». C. Schmahl, J. D. Bremmer. *Psychiatry Res.,* 2005.

El hombre autorrealizado. A. Maslow. Kairós, Barcelona, 1991.

El camino de la tolerancia. A. Ellis. Obelisco, Barcelona, 2006.

The silent language. E. T. Hall, 1959.

Lenguaje del cuerpo y la comunicación corporal. Biblioteca Deusto para el desarrollo personal.

Silent Messages. A. Mehrabian, C. A. Belmont, Wadsworth, 1971.

Por qué somos como somos. E. Punset. Aguilar, Santillana Ediciones Generales, Madrid, 2008.

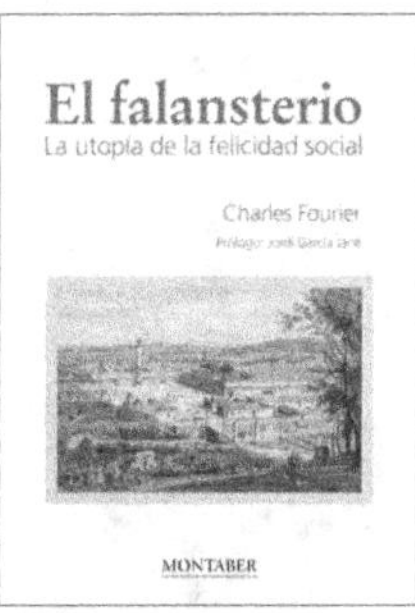

El Falansterio
Charles Fourier

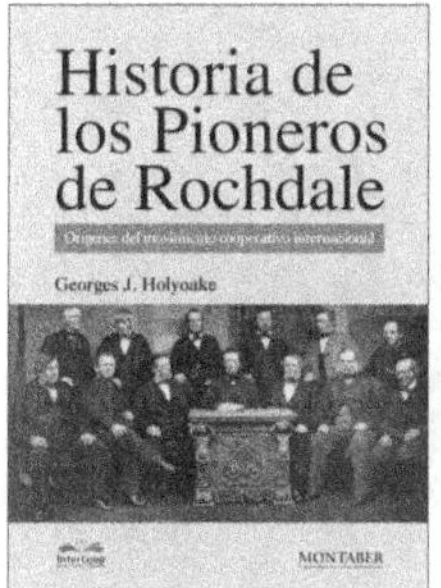

**Historia de los Pioneros
de Rochdale**
Georges Jacob Holyoake

**Gráfica cooperativa
en Barcelona. Iconografía
del cooperativismo obrero
(1875-1939)**
Marc Dalmau

**La economía social
y solidaria en Barcelona**
Anna Fernández i Iván Miró

**Economías transformadoras
de Barcelona**
Rubén Suriñach

Cuentos de Bagdad
Glòria Arimon

Los nietos de Adán y Eva
Carles Zafon

¿Hablas o te comunicas?
Blas Gómez, Antonio Herranz

La filosofía de las Barbas
Thomas S. Gowing

Los estudios culturales
Fredric Jameson

Apocalipsis
Karl Kraus

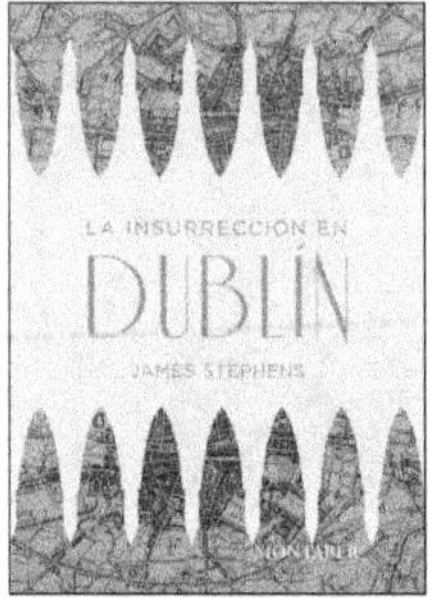

La insurrección en Dublín
James Stephens

Adaptación a utopía
Daniel Yacubovich

El fin de las pequeñas historias
Eduardo Grüner

Una partida de ajedrez
Stefan Zweig

Miradas sobre la educación a lo largo de la vida
Àngel Marzo Guarinos,
Graça dos Santos Costa

La cooperación entre el alumnado
Sylvain Connac

Cerebro, inteligencias y mapas mentales
Zoraida G. de Montes,
Laura Montes G.

MONTABER   Brutau, 160 – 08203 Sabadell (Barcelona) – Tel. +34-931 429 486 – montaber@montaber.es – www.montaber.es